国家自然科学基金项目（41971271）成果
山西省"1331"提质增效工程
山西财经大学资源型经济转型协同创新中心建设项目
（晋教科〔2021〕4号）资助

生态系统文化服务供需匹配研究

史琴琴 著

中国社会科学出版社

图书在版编目（CIP）数据

生态系统文化服务供需匹配研究/史琴琴著.—北京：中国社会科学出版社，2022.11
ISBN 978-7-5227-0730-3

Ⅰ.①生… Ⅱ.①史… Ⅲ.①生态系—文化生态学—社会服务—研究—中国 Ⅳ.①G122

中国版本图书馆 CIP 数据核字（2022）第 142970 号

出 版 人	赵剑英
责任编辑	戴玉龙
责任校对	杨新安
责任印制	王　超
出　　版	中国社会科学出版社
社　　址	北京鼓楼西大街甲 158 号
邮　　编	100720
网　　址	http://www.csspw.cn
发 行 部	010-84083685
门 市 部	010-84029450
经　　销	新华书店及其他书店
印　　刷	北京明恒达印务有限公司
装　　订	廊坊市广阳区广增装订厂
版　　次	2022 年 11 月第 1 版
印　　次	2022 年 11 月第 1 次印刷
开　　本	710×1000　1/16
印　　张	12.75
插　　页	2
字　　数	203 千字
定　　价	98.00 元

凡购买中国社会科学出版社图书，如有质量问题请与本社营销中心联系调换
电话：010-84083683
版权所有　侵权必究

前　言

生态系统文化服务（以下简称文化服务）评估是将生态系统服务评估纳入决策制定的关键。为防范文化服务供需矛盾突出对区域可持续发展产生的不利影响，基于供需视角对文化服务进行综合评估，识别供需空间差异、供需匹配状况及权衡与协同关系，并认识和理解文化服务供需的相互作用机制，对于加深生态系统和社会系统间相互作用的理解及实现生态系统的有效管理和自然资源的合理配置具有重要意义。

本书构建文化服务供需综合评估及影响机制的概念框架并将其应用到生态脆弱区的研究中，以陕西省米脂县为案例地，按照"供给时空演变—需求评估及空间制图—供需匹配及权衡协同—供需相互作用机理—文化服务供需可持续管理"的逻辑思路展开研究。首先，采用生物物理指标法评估文化服务供给；其次，采用问卷调查和地图式参与法评估文化服务需求；第三，采用基尼系数、供需系数、统计分析和双变量空间自相关分析方法揭示文化服务供需匹配及权衡协同关系；第四，采用结构方程模型揭示文化服务供需的相互作用机理；最后，提出米脂县文化服务可持续管理的对策建议。研究得出的主要结论如下：

（1）构建美学、教育、地方感、社会关系、文化遗产和消遣娱乐6类文化服务供给的评价指标体系，运用熵权 TOPSIS（Technique for Order Preference by Similarity to Ideal Solution）模型对米脂县 394 个村庄的 6 类文化服务供给进行计算并分析其时空演化规律，发现：时间上，2000 年以来，米脂县除社会关系服务供给等级下降的村庄占比较多以外，其余类型的文化服务供给均是等级上升的村庄占比较多，文化服务供给整体上在提高；空间上，各类文化服务空间异质性明显。文化服务供给综合水平 2000 年大致呈现中西部高东南部低的空间格局，2018 年整体呈现中心高外围低的空间格局。从空间分异视角看文化服务供给的障碍因子，2000年和2018年分别有92.39%和93.15%的村庄文化服务供给的第一障碍因子为古建古迹个数和爱国主义教育基地个数，除第一障碍因子外，不同村庄文化服务供给的其他障碍因子各有不同。

（2）根据文化服务需求的内涵，从居民对文化服务的重要性感知和空间制图两个方面分析米脂县文化服务需求。从重要性感知来看，米脂县居民对社会关系、地方感、美学、消遣娱乐、教育和文化遗产服务的重要性感知依次降低。从多样化感知结果来看，米脂县居民对窑洞景观提供的文化服务的多样化感知最强，林草地和梯田次之，寺庙较弱，文化广场和水域最弱。从空间分布的模拟结果看，6类文化服务的空间分布既有相似性又有差异性，文化服务需求综合水平呈现由中部及东西两侧地势较低的河谷地区向外围地势较高的区域逐渐降低的空间格局。海拔、土地利用、坡向和坡度4个环境变量对特定类型文化服务需求的空间分布有较大影响。

（3）分别采用基尼系数和供需系数分析了文化服务的整体匹配状态及局部的空间匹配状态，采用统计分析和双变量空间自相关分析揭示了供给侧和需求侧文化服务之间在整体上和空间上的权衡协同关系。整体上，文化遗产服务供需处于较合理的范围内，其余5类文化服务的供需和文化服务供需综合水平均处于高度匹配的状态。局部上，文化服务供需匹配状态在空间上可分为供需相对匹配、高供给低需求、低供给高需求三种匹配类型。供给侧的权衡与协同关系表明，整体上，2000—2018年，各类服务之间权衡与协同关系并存。空间上，6类文化服务供给之间的权衡与协同关系的空间单元通过显著性检验的村庄主要分布在中部地势平坦和区位优势明显的地区、东西部的山地丘陵地区及外围地区。需求侧的权衡与协同关系表明，整体上，6类文化服务间均呈现协同关系。空间上，6类文化服务之间总体上以高高集聚和低低集聚的协同关系为主，在空间分布上的共性为在米脂县中部河谷地区的龙镇东北角、银州镇和十里铺乡均呈现以高高集聚为主的协同关系，在东西两侧的山地丘陵地区以低低集聚的协同关系为主。

(4）采用结构方程模型，从个体尺度揭示社会经济属性对文化服务需求的影响发现，社会经济属性中家庭结构和人均耕地面积两个变量对文化服务需求没有显著影响，性别、年龄、学历、人均居住面积、人均年收入对特定类型文化服务的需求有显著影响。从村庄尺度揭示社会经济属性、供给能力、可达性和文化服务需求4个潜在变量之间及其与各观测变量之间的作用关系，发现，各潜变量之间的关系为：社会经济属性对文化服务需求和供给能力既有直接效应也有间接效应。社会经济属性对可达性产生直接效应，而无间接效应。供给能力对文化服务需求产生直接效应，而无间接效应。可达性对文化服务需求既有直接效应也有间接效应。可达性对供给能力产生直接效应，而无间接效应。影响机制表现为：供给能力是基本条件，可达性是关键的空间连接变量，社会经济属性是重要的驱动力，主体需求是内在动因。

（5）文化服务已经被公认为是解释人类与生态系统关系的最新方式，越来越多的国家和科学家意识到将文化服务运用于规划和管理的必要性，将文化服务纳入土地利用规划、景观规划和生态系统管理是文化服务研究的终极目标。本书针对不同尺度提出文化服务可持续管理的对策和建议。米脂县尺度，各区域应发挥优势，补齐短板，在中部地区以生态修复为主，东西部地区以生态建设为主，促进文化服务供给的可持续，同时引导文化服务需求在空间上的合理流动，促进供需空间匹配。主体尺度，应关注主体多样化的文化服务需求，同时提高社区参与，切实发挥当地居民在生态系统管理中的主体作用。

（6）本书从空间和社会的角度对文化服务的评估进行探索，以空间异质性和区域差异性作为切入点对文化服务地理格局与作用机理进行探讨，拓展了生态系统服务研究的深度和广度，为地理学的核心命题——人地关系研究提供了新的实践领域。同时，本书从文化服务供需的量化、供需匹配及相互作用机理切入，以实现区域文化服务的可持续供给和满足人们对美好生活的追求为目标，为生态脆弱区乡村地区文化服务的供需研究提供了案例分析，能为生态系统服务研究在生态系统管理决策中发挥作用提供参考。

目　录

第一章　绪论 ………………………………………………………… 1
第一节　研究背景及意义 ………………………………………… 1
第二节　国内外研究进展 ………………………………………… 7
第三节　概念分析框架 …………………………………………… 26
第四节　主要研究内容 …………………………………………… 30
第五节　研究思路与技术路线 …………………………………… 31

第二章　研究区概况及数据来源 …………………………………… 33
第一节　研究区概况 ……………………………………………… 33
第二节　研究区关键自然和社会经济要素变化 ………………… 34
第三节　调研点选择依据 ………………………………………… 41
第四节　数据来源与时段 ………………………………………… 44
第五节　关键生态系统文化服务类型的选择 …………………… 46

第三章　生态系统文化服务供给的时空演化 ……………………… 48
第一节　研究数据与方法 ………………………………………… 48
第二节　生态系统文化服务供给的时空演变 …………………… 61
第三节　生态系统文化服务供给的影响因素 …………………… 77
第四节　本章小结 ………………………………………………… 82

第四章　生态系统文化服务需求评估 ……………………………… 84
第一节　研究数据与方法 ………………………………………… 85
第二节　生态系统文化服务需求评估结果 ……………………… 90
第三节　生态系统文化服务需求的空间分布 …………………… 94

第四节　环境变量对生态系统文化服务需求
　　　　　　空间分布的影响 …………………………… 102
　　第五节　本章小结 …………………………………… 107

第五章　生态系统文化服务供需匹配及权衡协同 …… 109
　　第一节　研究方法 …………………………………… 109
　　第二节　生态系统文化服务的供需匹配 …………… 112
　　第三节　生态系统文化服务的供给权衡 …………… 119
　　第四节　生态系统文化服务的需求权衡 …………… 125
　　第五节　本章小结 …………………………………… 128

第六章　生态系统文化服务供需的影响机制 ………… 130
　　第一节　研究数据与方法 …………………………… 130
　　第二节　个体尺度生态系统文化服务需求的影响机制 … 139
　　第三节　村庄尺度生态系统文化服务供需的影响机制 … 144
　　第四节　生态系统文化服务可持续管理对策 ……… 156
　　第五节　本章小结 …………………………………… 162

第七章　结论与展望 ……………………………………… 164
　　第一节　主要结论 …………………………………… 164
　　第二节　研究特色与创新 …………………………… 166
　　第三节　研究不足与展望 …………………………… 167

附　录 …………………………………………………… 169
　　附录Ⅰ：米脂县居民调查问卷 ……………………… 169
　　附录Ⅱ：米脂县村庄调查问卷 ……………………… 171
　　附录Ⅲ：地图式参与问卷 …………………………… 172

参考文献 ………………………………………………… 174

后　记 …………………………………………………… 196

第一章 绪论

第一节 研究背景及意义

一 理论背景

（一）文化服务研究的重要性

20世纪末，人们认识到自然资源是人类生存的基础。强烈的人类活动给自然生态系统带来严重的威胁，并危及人类福祉（Vallés-Planells et al.，2014）。生态系统服务框架正是在这种背景下产生的，千年生态系统评估（Millennium Ecosystem Assessment，MA）则可称为生态系统服务研究的里程碑（马琳等，2017）。近年来，生态系统服务全面评估已成为"未来地球（Future Earth）""生物多样性和生态系统科学服务政府间平台（Intergovernmental Platform on Biodiversity and Ecosystem Services，IPBES）""联合国2030年可持续发展议程"和生态系统服务国际组织（Ecosystem Services Partnership）的科学目标之一，引起了科学界、环境管理者和政策制定者的极大关注，成为国际研究的热点。

MA（2005）继承Daily（1997）和Costanza（1997）对生态系统服务的定义，将生态系统服务定义为人类从生态系统获得的各种收益，并将这些收益分为供给服务、支持服务、调节服务和文化服务四类。以往研究认为，供给和调节服务特别是在获取基本生活材料和维持安全、健康等方面比文化服务与人类福祉的联系更为密切（Hernández-Morcillo et al.，2013），因此，文化服务常常被研究者和决策者忽略（Hirons et al.，2016）。然而，文化服务对人类的安全保障有重要作用，例如，生态系统的重要宗教礼仪或精神特性的丧失，将会削弱区域内的社会关系，进而可以依次对物质福祉、健康状况、自由与选择、安全，以及良好的社会关系产生重要影响（MA，2005）。另外，文化服务是人们直接体验和欣赏的，在人类与自然环境之间建立了牢固的联系，成为人们参与自然资本保护的强烈动机之一（Fish et al.，2016；Hanaček et al.，2018），是传达保护生态系统重要性的最有用工具之一（Hirons et al.，2016）。但文化服务又是在社会经济因素中最不易进行调节的服务，这意味着一旦退化，很难用技术、社会经济和其他手段替代（Hernández-Morcillo et al.，2013）。最近一项全球尺度的研究表明，人类在一个国家的经济发展过程中对供给和调节服务的依赖会减少，对文化服务的需求会逐渐增加（Plieninger et al.，2013a）。因此，对文化服务的动态认识和研究对于评估生态系统对人类福祉的影响至关重要。

（二）文化服务的概念和评估框架需要重新审视和构建

在过去的20多年里，生态系统服务在核心概念和方法方面取得了相当大的进展，但一个持久争论的问题是文化服务的概念（Small et al.，2017）。MA将文化服务定义为"人们通过精神满足、认知发展、思考、娱乐和美学体验（包括知识系统、社会关系和美学价值）从生态系统中获得的非物质利益"，文化服务一词实际上是创建了一个"杂项"类别，所有与非物质利益相关的矛盾和不确定性都被包含在内，如非物质的、精神的、经验的（Pröpper、Haupts，2014）。这些没有明显物质利益的服务与人类对世界的情感认知密切相关，其评估存在挑战，如果要将文化服务的系统评估纳入决策制定，就必须重新审视文化服务的概念（Small et al.，2017）。随着生态系统服务概念的不断完善，学术界从地位和趋势的描述逐渐开始关注生态系统提供服务的过程即连接生物物理世界和人类福祉的过程模型，如典型的级联模型（Ecosystem service cascades）（Haines-Young、Potschin，2010）及其延伸的EPPS（Ecosystem properties，Ecosystem potentials，Ecosystem services）框架（Bastian et al.，2012；Bastian et al.，2013）

都强调了生态系统功能和过程之间的相互依赖关系,而很少考虑生态系统服务的社会维度(Geijzendorffer et al.,2015),但由于文化服务的无形性和主观性,与个人和当地的价值体系密切联系(Willcock et al.,2017),很难在生态系统结构、功能和过程之间建立联系,从而难以融入现有的生态系统服务研究框架。文化服务不是纯粹的生态现象,是长时间跨度中生态系统与人类社会之间复杂动态关系的结果(Plieninger et al.,2013a;Hirons et al.,2016),传统的生态学和社会学在各自学科中独立发展的概念和框架都不足以解决文化服务的生态社会系统相互联系的性质(Daniel et al.,2012)。因此,亟须从新的视角构建文化服务的评估框架,以有效理解复杂的生态社会系统所产生的文化服务。

(三)文化服务供需综合评估为人地关系研究提供新的实践领域

由于自身特点导致的数据和方法的缺乏,使得文化服务的评估进展远远落后于供给、调节等其他有形服务的评估,这将严重阻碍生态系统服务在生态系统管理决策中发挥作用(Chan et al.,2012;Angarita-Baéz et al.,2017)。目前,关于文化服务的研究大多局限于生态旅游和休闲娱乐等可用于货币估算的市场服务(Hernández-Morcillo et al.,2013),但是,如 Chan et al.(2012)所认为的,非物质价值不适合用货币评估方法来描述,一些类型的文化服务,如精神和宗教服务,不符合经济学假设,不能被货币方式表达(Christie et al.,2012;Loc et al.,2018),仅仅基于文化服务的货币评估,人与环境之间的关系就被忽略了(Hanaček et al.,2018)。文化服务作为连接生态系统和社会系统的重要桥梁,涉及生态系统和社会因素之间的相互作用,对文化服务的评估必须同时考虑生态系统提供这些服务的能力和人类对这些服务的需求(Zhao et al.,2019)。从供需视角对文化服务进行综合评估,对加深生态系统和社会系统间相互作用的理解,以及确保文化服务的可持续供给和满足人们日益增长的社会需求至关重要。另外,文化服务供给在空间上直接受自然环境的影响,需求受个体或群体的社会经济活动影响,因此,其供需具有很强的空间分异特征(武爱彬等,2018),文化服务供需的量化、空间差异、空间匹配及供需之间相互作用机理的研究能为生态系统管理、自然资源的合理配置、人与自然和谐发展提供理论支撑（严岩等，2017）。从供需视角既是从空间和社会的角度对文化服务进行评估（Zhao et al.，2020），也是从地理学的视角，即以空间异质性和区域差异性作为切入点探讨文化服务的地理格局与过程作用机制，进而拓展生态系统服务研究的深度和广度，同时也为地理学的核心命题——人地关系研究提供新的实践领域（李双成等，2011）。然而，文化服务供需综合评估仍处于探索阶段，如何在反映文化服务供需空间异质性的同时，又能探讨供需之间的相互作用机理就成为文化服务研究的重要内容（马琳等，2017）。

二 现实背景

（一）文化服务供需综合评估是满足人民日益增长的美好生活需求和实现乡村振兴的要求

乡村作为中国传统的人居环境，是农业生产、文化传承和生态保育的重要空间载体（陆林等，2019），然而，城镇化和工业化进程中乡村人口大规模流失引发的耕地撂荒、宅基地空闲废置，使得乡村地域表现出景观破败、基础设施破旧、乡土文化淡漠等一系列问题（龙花楼等，2018）。党的十九大报告指出："中国特色社会主义进入新时代，中国社会主义矛盾已经转化为人民日益增长的美好生活需求和不平衡不充分的发展之间的矛盾。"随着物质生活的不断提升和生活方式的转变，人们对美好生活的追求包含了对诗意闲适的人文环境、田绿草青的居住环境以及原生田园风光的向往，同时也表现出了对传统乡村文化、乡土记忆、乡亲乡情的较高的情感依恋和精神需求（龙花楼等，2017）。上述这一现实背景与人类的客观需求形成显著矛盾，这一矛盾必然催生地理学人地关系的转变（蔡晓梅等，2019），具体表现在行为主体由传统的"理性经济人"逐渐发生"社会转向"和"文化转向"，以及乡村由传统的农业生产转向兼顾社会稳定、文化传承和生态服务等诸多功能（陈秧分等，2019）。

2018年中共中央国务院相继颁发《关于实施乡村振兴战略意见》和《乡村振兴战略规划（2018—2022年）》，指出，要通过积极开发观光农业、游憩休闲、健康养生、生态教育等服务，打造乡村生态旅游产业链等方式来增加农业生态产品和服务供给,通过保护农耕文化遗产、保护文物古迹、支持农村地区优秀戏曲曲艺、民间文化传承、发展乡村特色文化产业等方式传承农村优秀传统文化,重塑乡村文化生态,丰富乡村文化生活。这充分体现了乡村文化服务供给与重视人的价值存在、满足人的实际需求在国家战略层面得到了相当大的重视。乡村地区文化服务供需综合评估一方面关注乡村地域有别于城市的独特的生态和文化功能,以及这些功能转化为生态系统服务所需的基础设施、生态环境保护等物质层面的提升,同时也关注乡村主体的精神需求,以便在乡村生态振兴和文化振兴的过程中理解和考虑当地的价值,发挥民众"自下而上"的提升乡村内生动力的主观能动性。因此,文化服务供需综合研究适应了乡村地区人地关系变化的现实背景及客观需求,体现了人与自然和谐相处的人地观。如何进行文化服务的供需综合评估已经成为满足人们日益增长的美好生活需求和实现乡村生态振兴及文化振兴的重要研究内容。

(二) 生态脆弱区文化服务供需矛盾突出

根据环境保护部2008年印发的《全国生态脆弱区保护规划纲要》,陕北乡村地处我国北方农牧交错生态脆弱区。根据刘军会等(2015)的研究,陕北乡村属于我国黄土高原丘陵沟壑生态脆弱区。该地区气候干旱、地形地貌复杂、植被稀疏、水土流失等生态环境问题突出。随着快速城镇化、工业化进程,以及退耕还林带来的耕地面积的减少,陕北乡村地区也不可避免地出现了人口流失引发的"空心化""老弱化",进而出现景观破败、基础设施破旧等现实问题。同时,乡村地区人口流动和社会活动空间的加大等对乡村社会关系、文化认同、传统农耕文化造成冲击(刘彦随等,2016)。乡村居民逐渐与他们日常生活的文化景观和文化实践分离,将会切断其文化连续性,进而影响乡村的可持续发展(周尚意、成志芬,2015)。因此,从自然本底来说,生态脆弱区文化服务供给能力本身有限,从乡村衰败的现实问题来说,除部分乡村利用毗邻著名风景区或城市边缘的区位优势发展乡村旅游,生态和文化功能日益凸显以外,大部分乡村地区的文化服务供给潜力面临逐渐消失的危险。但越来越多的研究表明，乡村居民一直扮演者乡村景观塑造者和体验者的角色，并在乡村地域形成了独特的乡土文化，乡村居民的福祉与文化服务密切相关，他们更容易感知到文化服务的多样化，也更容易受到环境变化和生态系统退化的影响（Martín-López et al.，2012；Angarita-Baéz et al.，2017），忽视乡村居民的文化服务需求可能导致社会不公正和这些群体生活质量的降低（Meng et al.，2020）。因此，急需深入理解生态脆弱区乡村地区文化服务供需状况及其相互作用机理，以便提高生态系统管理决策的社会接受度和合理性。

三　研究意义

（一）理论意义

传统的生态学和社会学在各自学科中独立发展的概念和框架都不足以解决文化服务的生态社会系统相互联系的性质。将土地利用数据、问卷调查数据和地图式参与数据相结合，构建文化服务供给的评价指标体系，实现文化服务需求的空间制图，是从空间和社会的角度对文化服务进行评估的一种探索，也是从地理学的视角，以空间异质性和区域差异性作为切入点对文化服务地理格局与过程作用机制的探讨，在更深刻地理解复杂的生态社会系统所产生的文化服务的同时，拓展了生态系统服务研究的深度和广度，也为地理学的核心命题——人地关系研究提供了新的实践领域。

（二）实践意义

生态脆弱区文化服务供给能力本身有限及乡村衰败加剧了该区域文化服务供给潜力发挥的这一现实背景，与乡村居民对生态系统的强烈依赖以及日益增长的美好生活需求形成显著矛盾，这将严重制约该区域乡村的可持续发展。本书从文化服务供需的量化、供需匹配及相互作用机理切入，以实现区域文化服务的可持续供给和满足人们对美好生活的追求为出口，为生态脆弱区乡村地区文化服务的供需研究提供案例分析，为案例地和生态脆弱区乡村可持续发展和生态系统服务研究在生态系统管理决策中发挥作用提供参考。

第二节 国内外研究进展

一 相关概念辨析

（一）生态系统服务

生态系统服务概念首次出现可以追溯到 20 世纪 60 年代（King，1966；Helliwell，1969）。1970 年关键环境问题研究组（Study of Critical Environmental Problems，SCEP）发布的《人类对全球环境的影响报告》中提出了"环境服务"，并列出了自然生态系统的"环境服务功能"（SCEP，1970）。Holdren 和 Ehrlich（1974）继续完善 SCEP 提出的服务清单，并称之为"全球环境的公共服务功能"，Westman（1977）后来将其简化为"自然服务"，最后在 20 世纪 80 年代由 Ehrlich 和 Ehrlich 确定了"生态系统服务"这一术语，并被定义为生态系统惠益于人类的特性（Ehrlich、Ehrlich，1981）。1997 年 Costanza 等在《Nature》杂志发表"全球生态系统服务价值和自然资本"一文（Costanza et al.，1997），所提出的生态系统服务概念得到了各学科的广泛认可，但依然存在分歧。

目前有关生态系统服务的概念如表 1-1 所示，总结已有概念的分歧之一在于：是否要将半自然系统和人工生态系统都作为生态系统服务的来源。由于人类本身就是生态系统不可分割的组成部分（MA，2005），无论是城市还是乡村地域系统都是由人类活动强烈塑造的，生态系统都受到人类投入和改造的影响，而这种影响程度的阈值很难确定，也就是说不同类型的生态系统很难在严格意义上有明确的区分。再者，生态系统服务概念的出发点为生物物理结构和过程，从这个意义上来讲，自然生态系统、半自然生态系统和人工生态系统都可以纳入生态系统服务的评估之中（Beichler et al.，2017）。分歧之二在于：是否要沿用经济学中的概念将"生态系统产品"和"生态系统服务"分别进行表述。由于在一些时候生态系统提供的某一收益究竟是"产品"还是"服务"难以确定，因此，MA 中认为所有的生态系统收益都是生态系统服务,"服务"一词囊括了"产品"和"服务"两个概念(见表1-1)。本书采用 MA 对生态系统服务的定义,并认为不同类型的生态系统均有提供生态系统服务的潜力。

表1-1　　生态系统服务服务主要的概念及其特征

概念	相关术语	服务来源
人类直接或间接地从生态系统的功能当中获得的各种收益(Costanza et al., 1997)	产品与服务	自然生态系统
自然生态系统及其组成物种得以维持和满足人类生命的环境条件和过程(Daily, 1997)	服务	自然生态系统
人类从生态系统获得的各种收益(MA, 2005)	服务、收益	自然、半自然和人工生态系统
生态系统结构和功能与其他投入相结合对人类福祉的贡献(Burkhard, 2012)	服务、贡献	自然、半自然和人工生态系统

(二) 文化服务

文化服务是在生态系统服务研究的基础上提出的。最早出现是 Daily(1997)对生态系统服务分类的研究中包含的信息服务,之后又被冠以不同的名称,如"娱乐和文化服务"(Costanza et al., 1997)、"社会文化满足"(Boyd、Banzhaf, 2007)、"生活充实功能"(Kumar, 2010)、"文化和康乐服务"(Chan et al., 2012)等。目前有关文化服务的概念如表1-2所示,其中,Costanza(1997)等将文化服务定义为价值,MA(2005)将文化服务定义为利益。而 Chan 等(2012)认为应该将这些概念区分开来,服务是利益的产物,利益可能以活动的形式出现,这些利益又对人产生价值,因此,从人类—生态系统相互作用的角度定义文化服务就极为必要。Church 等(2014)基于这一视角并在强调"环境背景"(environmental settings)的基础上进一步将文化服务的概念具体化,认为环境空间和文化实践可以反映更广泛的生态系统文化价值,如集体或共享的价值。"环境背景"

强调以地点（place）、位置（locality）和景观（landscape）为基础的文化服务视角，尽管这些术语的含义有所差别，但本质都是从地理环境的背景理解文化服务，这一概念得到诸多学者的认可（Fish et al.，2016；Bryce et al.，2016）。

总体上，文化服务的概念经历着从模糊和抽象到更具体的转变，从注重文化服务的非物质性到兼顾其物质维度，并强调从人地关系视角对这一概念的解读。本书以生态脆弱区乡村地区为研究对象，鉴于该区人类活动和地理环境之间关系复杂，加之乡村居民获取的文化服务正是从他们所处的环境空间与在环境空间进行的文化实践中产生的。因此，本书采用Church等（2014）对文化服务的定义。

表1-2　　生态系统服务文化服务的概念及特征

概念	相关术语	特征
生态系统的美学、艺术、教育、精神和科学价值（Costanza et al.，1997）	价值（value）	强调生态系统的内在价值
人们通过精神满足、认知发展、思考、娱乐和美学体验从生态系统中获得的非物质利益（MA，2005）	非物质利益（non-material benefits）	非物质维度
生态系统对人类—生态系统相互作用产生的非物质利益（如能力和经验）的贡献（Chan et al.，2012）	非物质利益、贡献（contributions）	强调关系价值，开始关注文化服务的物质维度
人类与自然环境互动的环境空间以及定义这些互动和空间的文化实践（Church et al.，2014）	环境空间（environmental spaces）、文化实践（cultural practices）	关系价值的具体与延伸，强调地理环境背景

（三）生态系统服务供给

最早与生态系统服务供给相关的概念是生态承载力（Wackernagel et al.，1996），即生态系统在特定区域的资源供给和潜在服务量，并不能被人类完全利用（严岩等，2017；寿飞云，2020）。随着生态系统服务研究的不断深入，越来越多的学者意识到区分生态系统服务潜在供给和实际供给的必要性，一些学者在区分两者概念上取得了一定的进展。如 Burkhard 等（2012）将生态系统服务供给定义为某一特定区域在特定时间内提供特定生态系统商品和服务的能力（Capacity），并指出这里的能力指实际使用的自然资源和服务的生产能力。Villamagna 等（2013）和 Schröter 等（2014）从生态系统服务供给过程中的不同组成部分出发，将潜在供给称之为生态系统服务能力，实际供给称之为"流"。Geijzendorffer 等（2015）在此基础上又将生态系统服务供给分为潜在供给和管理供给，潜在供给指生态系统的生物物理和生态特征相结合可以提供的服务类型和数量，而管理供给指潜在供给与利益相关者在特定地区和特定时期内干预的影响相结合提供的服务类型和数量。

由以上关于生态系统服务供给概念的表述可以看出，目前学者对生态系统服务供给使用了不同的术语，为了便于分别评估生态系统服务供给过程中的不同组成部分，努力区分生态系统服务的潜在供给和实际供给，但在实际评估中又很难明确两者的界限。总结已有概念，我们将生态系统服务供给归类为潜在供给和实际供给两类，其中所使用的术语如生态系统服务能力、管理供给实质上与潜在供给一致，均不考虑人类是否使用。生态系统服务流是实际供给。可以从是否考虑利益相关者的干扰（如土地利用管理）和人类的实际使用区分已有概念的不同特征（见表1-3）。

表1-3　　　　　生态系统服务供给的概念及特征

类别	定义	相关术语	特征
潜在供给	生态系统的生物物理和生态特征相结合可以提供的服务的假设最大产量	潜在供给（Geijzendorffer et al., 2015）、生态系统服务能力（Capacity）（Burkhard et al., 2014）	无利益相关者干扰，不考虑人类是否使用
	生态系统基于生物物理和社会特性和功能提供服务的潜力	生态系统服务能力（Villamagna et al., 2013；Schröter et al., 2014）、管理供给（Geijzendorffer et al., 2015）	考虑利益系相关者干扰，不考虑人类是否使用

续表

类别	定义	相关术语	特征
实际供给	生态系统服务的实际生产或使用	生态系统服务流（flow）（Villamagna et al.，2013；Schröter et al.，2014）	考虑人类实际使用
	某一特定区域在特定时间内提供特定生态系统商品和服务的能力	生态系统服务供给（Burkhard et al.，2012）	不考虑人类是否使用

参考 Baró 等（2016）的研究，本书将文化服务供给定义为基于生物物理特征、社会条件和生态功能的生态系统提供文化服务的能力，在概念中同时考虑生态系统的生物物理特征和社会特性，但不考虑人类是否使用这些服务。例如文化服务中生态旅游服务供给的评估既要考虑一个地区可能的生态旅游潜力又要考虑特定基础设施如交通、酒店、餐馆等，但不考虑人类是否使用（Geijzendorffer et al.，2015）。因此，本书中文化服务供给指潜在供给。

（四）生态系统服务需求

生态系统服务需求的概念目前还没有形成统一的表述，已有文献主要从消费、偏好、支付意愿和期望的角度对其进行解读（见表1-4）。从消费的角度，生态系统服务需求指某一特定时间内特定地区当前消费或使用的所有生态系统产品和服务的总和（Burkhard et al.，2012）。从偏好的角度指个体和社会对服务特定属性偏好的表达（Schröter et al.，2014）。从期望的角度指社会要求和期望的服务量（Villamagna et al.，2013；Baró et al.，2016）。从支付意愿的角度指利益相关者在实际分配稀缺资源（如金钱或旅行时间）方面对需求的表达（Geijzendorffer et al.，2015）。不同类型的生态系统服务需求适合从不同的角度进行理解，如可以使用货币方法衡量的商品型服务如供给服务，可以从消费的角度进行理解，而针对非商品型服务如大部分的文化服务，则从期望和偏好的角度进行理解更为合适。由于文化服务的排他性和竞争性不明显，人类难以意识到其稀缺性（严岩等，2017），即使意识到也很难用准确的货币价值来衡量（Christie et al.，

2012；Loc et al.，2018），因此，从社会偏好的角度可更为有效地表达文化服务需求。

表1-4　　　　　　　生态系统服务需求的概念及特征

类别	概念	相关术语
消费	某一特定时间内特定地区当前消费或使用的所有生态系统产品和服务的总和	consume、use（Burkhard et al.，2012）
偏好	个体和社会对服务特定属性偏好的表达	social preferences（Schröter et al.，2014；Ciftcioglu，2017）、perceived importance（Castro et al.，2011）
期望	社会要求和期望的服务量	require、desire（Villamagna et al.，2013；Baró et al.，2016）
支付意愿	利益相关者在实际分配稀缺资源（如金钱或旅行时间）方面对需求的表达	willingness to pay（Geijzendorffer et al.，2015）

二　生态系统文化服务分类

文化服务评估是一项综合复杂的研究，往往涉及多项服务类别的指标取舍问题，因此构建一套科学合理的文化服务分类体系是文化服务研究的重点内容之一。目前，世界范围内使用的4种主要文化服务分类为：①Costanza等（1997）估算了全球17种生态系统服务的经济价值，其中包含了娱乐和文化两类文化服务，娱乐指生态旅游、钓鱼和户外娱乐活动，文化指美学、艺术、教育、精神和生态系统的科学价值。②MA（2005）中的文化服务包括，文化多样性、精神与宗教价值、知识系统、教育价值、灵感、美学价值、社会关系、地方感、文化遗产价值、消遣娱乐和生态旅游。③TEEB（The Economic of Ecosystems and Biodiversity project）（2010）将文化服务分为娱乐与生态旅游、美学信息、文化、艺术、设计灵感、精神体验、认知发展信息5类。④CICES（Common International Classification for Ecosystem Services）（2018）将文化服务分为4类，与自然环境中非生物组成部分的物理和经验的相互作用、与自然环境中非生物组成部分的精神和象征互动、与自然环境中非生物组成部分的智力和代表性互动、具有非使用价值的其他非生物特性。

以上分类体系根据生态系统的功能和结构进行文化服务分类，较为全面地概括了生态系统所提供的文化服务，对开展分类文化服务的专门研究做出了贡献。在此基础上，一些学者试图从不同的角度对文化服务进行归类，如 Costanza（2008）根据空间特征将文化服务归类为用户移动相关的服务，认为文化遗产、娱乐、美学等服务只有人类流动到独特的生态系统，才能享受到这些服务。Wallace（2007）从人类价值属性出发将文化服务归类为社会文化成就。张彪等（2010）从人类需求的角度将文化服务称之为景观文化承载服务，包括美学景观、文化艺术和知识意识，并与人类的精神需求相对应。李琰等（2013）从人类福祉的角度将文化服务归类为福祉提升服务，该类服务有助于提升人类福祉层次，实现更高层次的终端福祉。这些文化服务的归类对文化服务分类的深入理解在理论上做出了有益的探索，但仍需要在具体的研究实践中进行论证与改进。目前 MA（2005）的分类体系应用最为广泛且已经有了大量的实证研究作为参考，本书采用该分类体系中的文化服务分类。

三　生态系统文化服务供需评估

文化服务作为连接生态系统和社会系统的重要桥梁，涉及生态系统和社会因素之间的相互作用，对文化服务的评估必须同时考虑文化服务的供给和人类对这些服务的需求（Zhao et al., 2019）。从供需视角对文化服务进行评估有助于生态系统的有效管理和自然资源的合理配置（马琳等，2017），还可以促进生态系统和社会系统相互作用机制的探索（Wei et al., 2017），对实现人类社会和生态系统的可持续发展具有重要作用，因此，文化服务的供需综合评估成为文化服务研究的新热点之一。

（一）文化服务供给评估

文化服务供给的评估方法主要有价值量核算、土地利用矩阵法和生物物理指标评估法。其中，价值量核算方法是从环境和生态经济学的角度出发对生态系统服务进行货币估值，当代经济理论认为，环境问题是由于环境破坏的不可计算和未标明代价而引起的（Hirons et al.，2016），对生态系统服务进行货币估值可以提高人们对生态系统服务衰退所涉及的经济风险的认识（Wolff et al.，2015），也可以为生态系统服务付费和生态补偿提供参考。Costanza 等（1997）和谢高地等（2008）采用价值当量法对全球和中国生态系统服务的价值量进行核算，成为国内外价值量核算法的典型代表，该方法基于专家知识和土地利用数据对生态系统服务进行货币估值，数据需求少，直观易用，特别适用于区域和全球尺度生态系统服务价值的评估（谢高地等，2015），得到诸多学者的广泛认同（薛明皋等，2018；徐煖银等，2019；耿甜伟等，2020）。由于 Costanza 等（1997）对生态系统文化服务的分类仅包含休闲和文化两类，谢高地等（2008）对文化服务的分类仅包含景观美学，国内已有研究针对不同的生态系统类型如林地（刘秀丽等，2017）、草地（徐雨晴等，2017）、湿地（孟阳阳等，2020）、绿洲（马依拉·热合曼等，2018）、农田（杨志新等，2005）等，在不同的尺度如流域（兰紫橙等，2020）、区域（石忆邵、史东辉，2018）和城市（Li et al.，2018）等地区展开集中于生态休闲或景观美学服务的评估。但已有研究仅用生态休闲或景观美学代表整体的文化服务，简化了文化服务的内涵，不能充分解决人类生态系统的复杂性，也可能导致其他重要的文化服务类型被边缘化（Hirons et al.，2016）。另外，该方法以市场为导向的生态系统治理，过多地关注文化服务的经济价值，忽略重要的生态和非物质价值（傅伯杰等，2014），可能会侵蚀激励人们保护自然内在价值的观念（Hirons et al.，2016）。

为了增强不同研究区之间的可比性，在考虑生态系统属性及异质性的基础上为多种生态系统服务的量化和空间显示提供更有用的工具，Burkhard 等（2009）在 2009 年首次提出将土地利用类型与生态系统服务供给联系起来的土地利用矩阵法，该方法自提出以来已经成功运用于国内外多个案例地。例如，Vihervaara 等（2010）对芬兰拉普兰的景观美学、娱乐、文化和自然内在价值四类文化服务进行了评估发现，文化服务对地方文化依赖较强，在不同的区域环境中供给不同。Tao等（2018）对长江三角洲地区的娱乐和生态旅游、景观美学进行评估发现林地、湿地和水体是文化服务的主要供给区。土地利用矩阵法的特点是，一方面能够将区域内多种类型的文化服务指定到同一区间进行对比，适合于各种尺度的研究，对于数据缺失区域的文化服务供给评估有重要意义（Li et al., 2016）。但另一方面，该方法的评估结果存在一定的不确定性，一是基于专家的经验、知识和态度的打分法使得研究结果不可避免地存在主观性，需要在评估过程中选择具有不同专业背景和权威代表专家使评价结果更科学、权威（Guan et al., 2020）；二是文化服务的供给受到土地利用以外的其他因素的影响，如生态条件、基础设施等，在未来的研究中应在考虑这些因素的基础上调整评估矩阵（Tao et al., 2018）；三是忽略研究区尺度特征和生态系统质量特征等问题（白杨等，2017）。

为提高评价结果的准确性，文化服务供给的评估方法不断成熟。生物物理指标法以生态系统过程及其功能为基础，以客观的量化数据为前提，能够客观反映生态系统的文化服务供给能力并提供空间明确的细节，为生态系统管理和决策提供直观有效的信息，成为目前文化服务供给评估的新趋势（石忆邵、史东辉，2018；He et al., 2019）。目前，文化服务供给评估的指标相对较少，尽管使用土地利用数据估算文化服务的方法的准确性存在很多争议，但由于土地利用数据的高可获取性和区域之间的可比性，使用土地利用作为文化服务供给的代理指标是生态系统评估中使用的一种常见技术（Brown., 2013；Makovníková et al., 2016）。例如，英国国家生态系统评估中使用各类土地利用覆盖率评估了英国城市诺丁汉的文化服务供给能力（Church et al., 2014）。另外，有学者强调，当人们从生态系统中获益时，生态系统的功能和结构才能转化为生态系统服务。Costanza（2008）将文化服务定义为用户移动相关服务，通常需要在服务受益单元和服务供给单元之间建立空间联系。可达性决定了从服务受益区转移到服务供给区的机会，是空间联系的关键方面。因此，可达性也是衡量文化服务供给的重要指标（Wei et al., 2017）。已有研究主要使用基础设施（Beichler et al., 2015）和供给单元距离家庭的距离（Ala-Hulkko et al.，2016）来表征可达性。从供给能力和可达性两个维度构建指标体系是对一个区域文化服务供给综合水平的评估，不能兼顾到不同类型文化服务的供给状态和变化。

由于不同文化服务类别之间的界限不明确，往往会导致重复计算的问题出现，如娱乐服务常常与其他服务联系在一起，分别计算多种类型的文化服务面临很大的挑战（Cheng et al.，2019）。目前，采用生物物理指标法评估的最常见的文化服务类型是美学、休闲娱乐和生态旅游。例如，Cui 等（2019）用视觉质量指数表征美学供给对中国呼伦贝尔市的美学服务供给进行评估；Baró 等（2016）考虑自然程度、自然保护和水体的存在量化户外娱乐服务供给，实现巴塞罗那户外娱乐的供给制图；Wang 等（2017）利森林覆盖率这一指标对河北怀来县 17 个乡镇的森林游憩服务的供给进行了空间可视化；Santarém 等（2020）通过统计每个像元内的物种丰富度、森林保护区、沙漠、湿地、绿洲、文物古迹、岩石艺术点等的数量对非洲撒哈拉—萨赫勒生态区的生态旅游供给进行了量化。整体而言，到目前为止还没有为不同类型文化服务供给评估制定足够的指标（Szücs et al.，2015；Zhao et al.，2019），从区域到全球不同尺度的文化服务的美学、休闲娱乐和生态旅游服务的供给评估指标已经成熟，而地方感、精神宗教、教育、社会关系等多种类型文化服务的供给评估成为难点。

（二）文化服务需求评估

土地利用和管理决策也受到人类对文化服务需求的影响，文化服务需求是通过人们对某项服务的直接消费、使用或偏好、期望来评估的。文化服务需求的评估方法可以分为货币评估法和非货币评估法两大类，每一类又可以区分为显示偏好法和陈述偏好法（Cheng et al.，2019）。其中，货币评估法的显示偏好法通过计算文化服务的实际市场价值来评估文化服务的需求，包括市场价格法（Market price method）、旅行成本法（Travel cost method）、特征定价法（Hedonic pricing method）。①市场价格法根据市场产品的价格直接计算文化服务的需求，如 Sumarga 等（2015）以印度尼西亚中加里曼丹省为例，从国家公园、自然保护区和旅游局获取公园的入场费和当地生态旅游部门的收入数据来估算自然娱乐服务的货币价值。②旅行成本法通过计算旅游者往返所需的费用和出行时间机会成本来确定旅游者对文化和娱乐服务的需求，如Langemeyer等（2015）采用旅行成本法并通过分配鹅卵石的方法确定不同服务的权重来计算人们对巴塞罗那蒙特伊公园的休闲、旅游、审美和灵感、精神体验等文化服务的货币价值。③特征定价法使用的是对房地产价格的一种假设，即人们将会为绿色或蓝色基础设施，如公园和湖泊附近的房屋支付更多的费用（Hirons et al.，2016）。如Garcia等（2016）对以色列缺水地区的河流修复项目带来的美学、游憩等文化服务的边际效益进行定量化发现，河流修复后的水质提升导致附近住房租金价格上涨。

货币评估法的陈述偏好法是通过建立一个假设的市场，要求受访者回答他们愿意为改善或保护某些服务而愿意支付或赔偿的费用，包括条件价值法（Contingent valuation method，CVM）和选择实验法（Choice Experiment，CE）。①条件价值法通过问卷调查借助假想市场询问人们对文化服务改善的支付意愿（Willingness to pay，WTP），不依赖于现实市场中的数据，适宜于自然环境公共物品缺乏交易市场的情况下的经济价值评估（李广东等，2011）。如董雪旺等（2011）对九寨沟世界自然遗产地的游憩价值进行评估发现，条件价值法是一种评估旅游资源价值的有用方法，但有低估旅游资源价值的倾向，应加强分析中的信度和效度检验并完善该方法的实施规范。②选择实验法的理论基础源于Lancaster的消费者理论和效用最大化理论，即消费者效用来自文化服务的各种属性，能有效解决文化服务多重属性之间的比较问题，并且能揭示不同个体对每个文化服务属性偏好程度的异质性。如史恒通等（2019）采用该方法发现黑河流域居民对休闲娱乐服务具有显著偏好并对这一服务的改善有较大的支付意愿。

由上述分析可知，货币评估法对文化服务的研究更多地局限于旅游和休闲娱乐等服务类型（Hernández-Morcillo et al.，2013）。Chiesura、Groot（2003）认为人们对于社会文化价值的选择依附于道德、伦理和文化原则而不仅仅是功利标准，因此，文化服务的评估不能仅仅被看作是市场现象。近年来，越来越多的学者开始使用非货币评估法评价文化服务。非货币评估法的显示偏好法通过观察行为或分析文本间接判断人们对文化服务的偏好，包括观察法（Observation method）和文献回顾法（Document method）。①观察法直接观察人类的行为，如 Unnikrishnan 和 Nagendra（2015）通过视觉观察记录游客对印度班加罗尔私人和公共湖泊文化服务的需求发现，散步和慢跑等娱乐活动在私人和公共湖泊都很常见，神圣的文化元素在公共湖泊更常见，以及在商业化的私人湖泊周围的"湖滨"房产成为卖点。②文献回顾法根据分析已有的图像及其他形式的材料来估计特定地方人们的文化服务偏好，如 Szücsd 等（2015）根据绘画、旧照片、期刊出版物、自然历史书籍中的论述编制文化服务指标体系，评估德国海恩德地区的文化服务变化，发现文化服务趋势可以表征土地利用变化的驱动因素，采用文献回顾法评估文化服务有助于通过提供历史信息指导未来景观规划。

  非货币评估法的陈述偏好法是采用直接询问的方式通过分析人们对文化服务的社会动机、认知和相关价值来判断文化服务的社会重要性（Ciftcioglu，2017），包括焦点小组讨论法（Focus group discussions）、叙事法（Narrative method）和问卷调查法（Questionnaire method）。①焦点小组讨论法允许不同利益相关者在小组中进行讨论以获取更多的信息。如 Ajwang' Ondiek 等（2016）组成了由当地居民、领导、稻田区组长和农民组成的焦点小组，对肯尼亚卡诺河漫滩自然湿地和稻田的宗教精神、生态旅游、教育和娱乐等文化服务进行讨论，发现文化服务的可持续利用对提高生计至关重要。②叙事法鼓励当地居民自由谈论对文化服务的看法和意见，通过挖掘记录的文本定量了解文化服务的各个方面。如 Lee 等（2020）采用叙事法研究韩国京畿道不同利益相关者对文化服务的看法发现，该方法能够解释特定区域内与文化服务相关的独特用户活动及其背后的原因，但局限是难以进行区域间的对比分析。③问卷调查法通过让参与者阐明自己对文化服务的真实感知和偏好来洞察人们的态度、喜好和行动，探索人们思考问题的方式（Small et al.，2017），从而揭示被货币方法掩盖的价值，往往采用李克特量表和优先排序的方式获取数据。Willcock

等（2017）的对比研究证实了问卷调查法收集文化服务数据的有效性。该方法能够解决研究区数据缺失的问题（Ciftcioglu，2017），以全面系统地分析审美、地方感、教育、精神等文化服务的各个方面，在文化服务需求评估中使用频率最高（Cheng et al.，2019）。

为了将文化服务评估纳入决策，由于能够为生态系统管理和土地利用规划提供可视化信息，文化服务需求的空间制图在科学研究中受到越来越多的关注（Wolff et al.，2015）。目前已有文献主要通过专家打分法、生物物理指标法、基于社交媒体数据和大数据的方法、地图式参与法来实现文化服务需求的空间制图。其中，①专家打分法以Burkhard 等（2012）提出的生态系统服务供需矩阵为代表，尽管存在主观性太强和忽略尺度等不足，但由于可以解决数据缺失的问题，依然被广泛应用。②生物物理指标法主要采用单一指标评估有限的文化服务类型包括美学、休闲娱乐和游憩服务的需求，或采用多指标评价文化服务需求的综合水平。美学需求多采用单位面积游客数量和受益人口的分布等指标（Cui et al.，2019；He et al.，2019）；休闲娱乐需求多采用到达给定休闲区域的游客数量和人均公园绿地需求面积等指标（Baró et al.，2016；Shi et al.，2020a）；游憩服务需求多采用一定范围内到达的居民或游客数量这一指标（Paracchini et al.，2014）。多指标评估方法是基于可达性、人口密度和使用绿色空间的频率等多个指标的等权重叠加表征文化服务需求的综合水平（Li et al.，2020）。③基于社交媒体数据和大数据的方法是在 Panoramio、Flickr、Google earth 或 GAODEmap 等网络平台上获取带有地理坐标的照片数据，并通过核密度、热点分析、Mexent（Maximum entropy approach，Mexent）模型或与数字高程模型结合的可视域的方法实现文化服务偏好的空间化（Yoshimura、Hiura，2017；Clemente et al.，2019；He et al.，2019）。该方法的优点在于可以帮助确定人们享受文化服务的空间位置，在区域尺度上实现文化服务的空间制图，还可以分析文化服务偏好与相关的生物物理环境之间的关系（Pastur et al.，2016）。不足之处在于，一是照片样本数量、位置准确性、采集周期等因素决定了评估结果的精度，评估结果可能存在误差（Yoshimura、Hiura，

2017);二是样本的代表性存在问题,社交媒体的使用受地区互联网使用率、带 GPS 摄像头和移动电话以及个体的年龄、受教育程度和使用社交网络的能力的影响,局限的样本无法确定不同利益相关者的偏好差异(Pastur et al.,2016);三是难以获取与用户特征相关的信息,而这些信息可能显示出与照片内容的显著相关性(Tenerelli et al.,2016)。④地图式参与法通过让参与者直接在地图上指出使用文化服务的位置和内容,并与地理信息系统相结合进行数字化分析,最终实现文化服务需求的空间制图(Wolff et al.,2015),通常采用生态系统服务社会价值模型(Social Values for Ecosystem Services,SolVES)或 Mexent 模型实现文化服务需求的价值转移(Sherrouse et al.,2011)。目前该方法多以公园(高艳等,2017;马桥等,2018;霍思高等,2018)和山脉(Zhao et al.,2019;Zhang et al.,2019a)为研究对象或在经济区尺度展开研究(赵琪琪等,2018),但村域尺度的研究比较少。该方法是基于地点的文化服务需求的空间制图,能够表明人们对文化服务的偏好与自然环境及个体特征之间的相关关系,还使得文化服务需求的空间明确结合了当地居民的不同看法,为制定可持续的景观管理提供了基础,成为当前文化服务需求空间制图较为认可的方法(Angarita-Baéz et al.,2017)。

四 生态系统文化服务供需匹配及权衡协同

文化服务供需匹配指文化服务供需在数量或质量上的差异(Geijzendorffer et al.,2015)。文化服务的权衡指某些类型文化服务受到其他类型文化服务消费的增加而减少的情况,协同指两种及多种类型的文化服务同时增加或减少的情况(彭建等,2017)。文化服务供需匹配及权衡协同研究是实现生态系统可持续管理的前提,有助于改善人类福祉。

(一)文化服务供需匹配

文化服务供需匹配的识别和空间可视化是将生态系统服务纳入生态系统管理决策制定和实施过程的关键步骤(Guan et al.,2020)。文化服务供需匹配通常需要在供需单位相同的情况下进一步运算,以获得表明文化服务供不应求、供需平衡或供大于求的预算或比率

（Baró et al.，2015）。相关方面的文献主要采取两种方式，一是生态系统服务供需矩阵法中供需数据来源和单位一致，可通过直接相减的方式判断文化服务供需匹配状况，结果趋于-5表示供不应求，趋于0表示供需平衡，趋于5表示供大于求（Burkhard et al.，2012），已经被证明是衡量不同地区文化服务供需匹配的一种快速、有效的方法。但该方法只能实现同一研究单元之间的横向对比，为了反映某一研究单元在整个区域的水平，Li等（2016）在此基础上提出了供需比指标，并对中国太湖流域生态系统服务的时空变化进行分析，证明了该指标在时空尺度上进行区域间比较的可行性，其结果中供需比大于0表示供给盈余，小于0表示赤子，接近于0表示平衡。之后，学者为了反映区域生态系统服务的可持续性又在此基础上提出了供需协调度指标（Guan et al.，2020）。另一种方式为基于容易获取的数据评估有限类型文化服务的供需匹配，如Chen等（2019）用城市绿地面积占比表示娱乐服务供给，人口密度与地方政府关于人均绿地供给面积的乘积表示娱乐服务需求，并采用供需比公式计算上海市娱乐服务供需匹配程度。

由于文化服务的供需连接了生态和社会系统，其供需评估常常需要将生物物理和社会经济等多种方法相结合，导致供需双方的单位不一致是不可避免的。尽管如此，已有学者仍然在这方面做出了有益的探索，主要包含两者方式。一种是采用价值当量法计算景观美学的供给，采用土地利用开发程度、人口密度、地均GDP三个指标或者夜间灯光数据表达生态系统服务需求，在此基础上采用Z-score标准化方法将服务供需划分为四个象限，高供给—高需求、低供给—高需求、低供给—低需求和高供给—低需求（彭建等，2017；顾康康等，2018）。该方法为文化服务供需两侧单位不一致情况下的供需匹配计算提供了一些借鉴，但关注的文化服务类型有限且需求侧是对整个生态系统服务需求水平的评估，不能区分不同类型文化服务的需求。另一种是空间探索性分析方法中的冷热点分析，该方法通过对不同类型文化服务的供需进行空间聚类，量化供需的高值集聚区和低值集聚区，以此分析供需冷热点空间分布的对应情况。如Shi等（2020a）

采用该方法分析了上海市休闲娱乐的供需匹配情况，Meng等（2020）采用该方法分析了北京西北部官厅水库流域镇域尺度的美学、历史文化和娱乐疗养三种类型的文化服务的供需匹配，发现三种文化服务都存在不同程度的空间错配，且主要的错配类型为低供给—高需求。该方法虽然不能实现文化服务供需在绝对数量上的对比，但综合了多种类型的数据和多学科的方法，为多种类型文化服务供需匹配的研究提供了可能，也符合文化服务概念涉及生态、经济、文化、社会等多个学科的特性，强调了跨学科理解文化服务的必要性。

（二）文化服务权衡协同

生态系统服务是由于人类有意或无意地强调特定类型服务的偏好选择而削弱其他类型服务供给产生的结果。在过去一个世纪里，人们倾向于对经济效益的强烈追求，忽视了生态和社会效益，供给服务需求的不断增加已经降低了调节和文化服务的供给（彭建等，2017）。如Martín-López等（2012）通过层次聚类分析，确定了社会偏好导致的生态系统服务权衡和服务簇，发现供给服务与调节服务以及几乎所有的文化服务之间存在明显权衡。近年来，学术界和管理者关注到了文化服务的重要性，随着非货币评估法在文化服务评估中的广泛应用，学者们从社会偏好的角度研究人们对多种类型文化服务的需求，并开始关注需求侧不同类型文化服务的权衡协同关系。如Plieninger等（2013a）采用斯皮尔曼等级相关方法分析了德国萨克森州5个社区的8类文化服务之间的权衡协同关系，发现不同服务之间存在显著正相关关系，人们在享受文化服务的时候并没有将不同的服务区分开来，证明了文化服务的"捆绑"现象。Shi等（2020b）对中国陕北米脂县石沟镇8类文化服务之间的权衡协同关系的研究也得到了相似的结果，表明人们对不同文化服务的需求不是孤立存在的，甚至是不可分割地交织在一起的。

但值得注意的是，权衡协同关系不仅发生在文化服务的需求侧，也发生在文化服务的供给侧，Shi等（2020b）的研究发现陕北高渠乡不同的景观能同时提供多种文化服务类型，如梯田是人与自然和谐相处的结果，具有农耕文明和保持水土流失的教育意义，同时也提供了美学和文化遗产等服务。因此，对不同类型文化服务供给侧的权衡协同关系研究有助于促进生态系统服务管理的多功能性定位。目前，已有文献已经采用相关分析、聚类分析、双变量局部空间自相关分析等多种方法对不同类型的供给和调节服务之间的权衡协同关系进行了研究（刘海等，2018；钱彩云等，2018；祁宁等，2020），而由于数据和方法的限制，文化服务评估存在的挑战使得有关不同类型文化服务供给之间的权衡协同研究还比较缺乏。另外，一个区域的文化服务供给也可能对另一个区域的文化服务供给产生影响，且服务存在时间上的动态变化性，因此，服务的权衡可以从空间权衡和时间权衡等多个维度进行解读（彭建等，2017）。已有学者从数值体现和空间表达两个方面对不同类型供给服务和调节服务的时间和空间权衡进行了研究（钱彩云等，2018），而从时间和空间维度揭示文化服务权衡的研究还有待加强。

五 生态系统文化服务供需的影响因素

文化服务是社会—生态系统综合作用的产物，其形成既受到自然因素的影响也受到社会因素的影响（Wei et al.，2018）。MA（2005）认为人口变量是决定对各种生态系统服务的需求，以及决定全球生态系统提供这些服务的能力的关键驱动力。人口总数与其他人口变量如年龄、性别和受教育水平可以影响对生态系统服务的利用。已有研究最初关注人口统计学变量对文化服务需求的影响，如 Beichler（2015）以波罗的海沿岸城市地区为案例地研究表明女性对教育和娱乐服务需求高于男性，而职业、教育、收入、居住类型等因素对文化服务需求没有影响。Martín-López 等（2012）对伊比利亚半岛 8 个公园样本的文化服务需求的影响因素分析表明，城市居民更注重自然旅游、审美价值、环境教育、生物多样性存在价值等文化服务，而乡村居民更注重休闲狩猎和当地生态知识服务，其他因素如教育水平和性别对文化服务的需求并无显著影响。Ciftcioglu（2017）对塞浦路斯一个小镇家庭花园文化服务需求的影响因素分析表明性别对文化服务的感知有影响，如女性更倾向于在花园种植观赏性植物，对美学的需求高于男性，而教育、年龄和职业因素对文化服务需求没有显著影响。尽管以上研究仅关注到人口统计学特征组成的因素对文化服务需求的影响，又由于研究方法、研究区域或样本选择等原因不同造成研究结果不一致，但对于深入探讨社会经济系统对文化服务需求的影响具有重要意义。

一些学者认为文化服务归根到底源于人们所依赖的景观环境，并尝试分析人们对文化服务的需求与景观环境之间的关系。如 Shi 等（2020a）采用冗余分析方法分析文化服务供给能力和可达性对文化服务需求的影响发现，米脂县石沟镇居民文化服务需求不仅受到土地利用覆盖占比和文化景观面积的影响，还受到家庭所在位置与土地利用和文化景观距离的影响。随着学者对文化服务需求空间制图的研究，一些基于相似的环境变量模拟文化服务需求的价值转移模型涌现，目前使用最多的是 SolVES 模型和 Mexent 模型，这些模型在分析文化服务需求空间异质性的同时关注所选的环境变量与文化服务需求之间的关联。已有研究多以平均海拔、坡度、距水体距离、距道路距离、土地利用类型为环境变量并探讨这些变量对文化服务需求的影响（Sherrouse et al.，2011；王玉等 2016；马桥等，2018）。但这些研究多以公园、山地为研究单元进行探究，将研究区扩展到区域尺度的研究还比较少见。如霍思高等（2018）以浙江省武义县南部生态公园为研究区，发现所选 6 类文化服务的需求分布与距水体距离、距道路距离呈负相关关系，农田和水域两种土地利用类型具有较高的文化服务价值。Zhang 等（2019a）以太白山国家森林公园的数据为基础，以高程和坡度为环境变量，对秦岭山地的文化服务进行了价值转移，发现海拔 1000—2000 米和坡度 25°—35°之间，即海拔较高、人类活动干扰少及山脊线附近可达性高的山地景观文化服务价值也较高。

更进一步地，有学者认为有必要将人口学统计变量和环境变量同时纳入同一框架并研究他们对文化服务影响的差异，并作了相关的实证研究。如 Shi 等（2020b）采用多层次模型分析了个体变量和社区环境变量对米脂县高渠乡居民文化服务需求的影响发现，个体变量中的性别、年龄、健康状况和年人均收入对 8 类文化服务的需求没有显著影响，不同职业对地方感服务的需求有影响；环境变量中社区安全对多数文化服务需求具有重要意义，人口密度和道路密度对地方感服务需求有重要意义。Tenerelli 等（2016）采用地理加权回归方法分析环境变量如海拔、坡度、水域、生物多样性及机会变量如人口、居民点等因素与文化服务需求的空间关联，表明特定变量对地方尺度文化服务的需求具有显著的驱动。

以上研究对阐明生态系统和社会系统之间的耦合机理做了有益的探索，为后续文化服务供需的影响因素研究提供了借鉴。在文化服务供需的复杂网络中，人类对文化服务需求受到文化服务供给的影响，同时受人类偏好影响的人类活动也能够通过土地利用和景观的改变等方式影响文化服务的供给。因此，只有从生物物理和社会经济两个维度共同出发，研究文化服务供需的影响因素，才能揭示文化服务供需之间的链式原因和反馈关系，最终为区域文化服务的可持续供给和满足人类需求提供参考。

六 国内外研究述评

综合国内外研究成果，作为生态系统服务的四大支柱之一，文化服务的研究经历了注重概念、地位和趋势的描述到侧重于理解生态系统提供文化服务的过程，再到关注如何纳入管理决策的转变。文化服务研究的最终目的是促进生态系统服务纳入生态系统的管理决策，这就需要为决策者和管理者提供解释区域文化服务状态或变化特征的定量的、可视化的具体评价结果（张立伟、傅伯杰，2014）。文化服务供需综合评估是从空间和社会的视角探讨文化服务的地理格局与作用机制，在拓展生态系统服务研究深度和广度的同时，也为地理学的核心命题——人地关系研究提供了新的实践领域。文化服务相关的概念内涵、评估方法、影响因素分析等研究为其供需综合评估提供了理论和方法借鉴，但总体看来，文化服务供需综合评估仍然处于探索阶段，面临诸多挑战。

第一，多种类型文化服务供给评估尚未形成通用的指标体系。已有研究中，美学、休闲娱乐和生态旅游服务的供给评估指标已经成熟，从供给能力和可达性两个维度构建指标体系对区域文化服务供给综合水平的评估也有了相应的案例研究，而地方感、精神宗教、教育、社会关系等其余类型文化服务受概念理解的复杂性、可获取数据的依赖性等限制因素，尚未形成科学化、系统性和高质量的指标体系。

第二，多种类型文化服务的供需匹配和权衡协同研究较为缺乏。由于多种类型文化服务供需量化的复杂性，其供需匹配和权衡协同的研究面临挑战，已有研究对多种类型文化服务供需进行明确空间比较的研究还比较少见。由于非货币评估方法的流行，需求侧多种类型文化服务之间的权衡协同关系得到了较多的关注，而由于评估指标缺乏，供给侧多种类型文化服务之间的权衡协同研究还比较缺乏。另外，已有研究尚未关注到权衡协同的空间异质性和动态变化性，从时间和空间维度揭示文化服务供给侧和需求侧权衡协同的研究还有待加强。

第三，文化服务供需相互作用机理的研究有待拓展。已有研究分别分析人口学统计学变量和环境变量对文化服务需求的影响，或者将两个维度的变量纳入同一框架研究他们对文化服务需求影响的差异，对阐明生态系统和社会系统之间的耦合关系做了有益的探索。但在文化服务供需的复杂网络中，不仅仅是文化服务需求会受到社会个体经济特征和服务供给的影响，服务供给也会通过社会偏好引起的生态系统的改变而改变。因此，只有寻找合适的方法从文化服务的生物物理和社会经济两个维度共同出发，研究文化服务的供需相互作用关系，才能揭示文化服务供需之间的复杂的、非线性的和动态的联系，最终为区域文化服务的可持续供给和满足人类需求提供参考。

第三节　概念分析框架

Fish 等（2016）的研究发现，人们普遍倾向于将文化服务与非物质性和无形性联系起来，或将文化服务定性为主观和模糊的，由此造成由经济定量方法主导的框架在评估文化服务中遇到困难，这主要是由于忽略人们与自然接触及理解与自然关系导致作为辅助决策工具的生态系统服务框架丧失决策能力（Ryfield et al.，2019）。在已有的研究框架中，级联框架强调从生物物理结构和过程到生态系统功能到生态系统服务再到收益（价值）（Hains-Young、Potschin，2010），显示了生态系统服务产生的背后逻辑，认为生态系统服务从根本上取决于生物物理结构和过程，并应该区分生态系统功能、生态系统服务以及人们最终获得的收益。该框架实际上是对复杂现实的简化，把结构和过程、功能、服务和利益等概念作为一个提示来帮助解决给定的问题的复杂性，而不是把一个严密的定义引入到这个世界中去。该框架对生态系统服务的全面管理有很大的帮助，为生态系统服务的供需综合评估提供了理论基础。但是该框架似乎遵循了传统的经济思维方式，将收益（价值）定义为人们认为具有直接利益并愿意为之付费的要素，因此，文化服务难以整合在内。

Church 等（2014）和 Fish 等（2016）认同 Chan 等（2012）对文化服务的定义，强调文化服务源于人与自然环境的相互作用，将文化服务定义为人类与自然环境互动的环境空间以及定义这些互动和空间的文化实践，强调从人地关系视角对文化服务的概念进行解读，并基于此视角构建了一个既考虑环境空间又考虑文化实践的文化服务概念框架。该框架强调从地理环境背景出发理解文化服务，关注到文化服务的物质维度及其与生物物理之间的关系，并且显示了不同组成部分之间的互为反馈和非线性的关系，为从人地关系视角研究文化服务提供了新视思路。但是，文化服务的概念将社会和生态系统联系起来，实际上强调处理耦合的社会生态系统，该框架没有考虑到社会生态系统的外部因素如人口、社会经济和土地利用变化等对文化服务产生的影响，因而削弱了对生态系统和社会经济系统相互作用机制的理解。

基于以上总结，生态系统服务级联框架和基于人与自然环境相互作用视角的文化服务概念框架为本书文化服务概念框架的构建提供了理论基础。本书从人类与生态系统相互作用产生的环境空间和文化实践的角度来理解文化服务（Church et al.，2014；Fish et al.，2016；Bryce et al.，2016），构建了文化服务供需综合评估及其影响机制的概念框架，如图 1-1 所示。

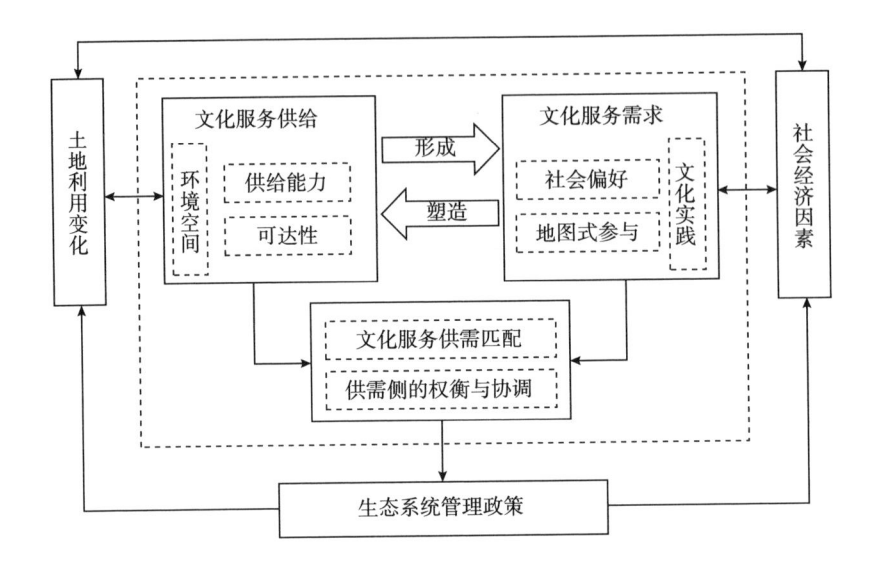

图 1-1　生态系统文化服务供需综合评估及其影响机制的概念框架

该框架的整体观点是环境空间和文化实践是相互联系相互促进的关系，通过这种关系产生文化收益，环境空间使得文化实践得以发生，为文化实践提供了空间载体，通过这些实践所产生的身份、体验和能力也在积极构建和重构文化实践的特征，进而影响环境空间。另外，文化服务的研究只有将对文化服务供需的理解与更广泛的社会经济因素的复杂关联结合起来，才能更深入地理解生态系统和社会经济系统相互作用机制。因此，本书从生物物理维度评估文化服务的供给，从社会偏好角度评估文化服务的需求，关注文化服务供需的空间异质性，并在此基础上探讨文化服务的供需匹配及权衡协同，能为决策者提供明确的空间信息，有助于确定优先保护的区域和需要改善的区域，实现文化服务供给的利益最大化，对实现可持续发展目标和提高人类福祉具有重要意义。在文化服务供需匹配及权衡协同研究的基础上，探讨文化服务供给的生物物理维度对文化服务需求的影响以及受社会经济因素影响的文化服务需求对文化服务供给的影响，旨在关注文化服务供需之间的循环反馈和非线性关系。

基于本书构建的概念框架，为便于后续的计算和分析，分别对文化服务的供给、文化服务需求、文化服务供需匹配及权衡协同作出以下概念界定：

（1）文化服务供给：将文化服务置于地理环境背景，允许在物质过程和实体的背景下探讨人们从自然中获得的利益的关系价值，即从物质层面理解文化服务，避免陷入文化服务无法用指标方法衡量的说法。本书认同这一观点，认为文化服务具有物质和非物质的双重维度，且文化服务供给关注其物质维度。在文化服务供给评估中同时考虑生态系统的生物物理特征和社会特性，但不考虑人类是否使用这些服务，即本书评估的文化服务供给指的是潜在供给。

（2）文化服务需求：人们对生态系统服务的重视程度取决于他们的偏好（Daily，1997）。社会偏好法是通过分析生态系统服务的社会感知来证明生态系统服务社会重要性的一种直接的咨询方法（Ciftcioglu，2017），也是一种了解被调查者认为哪些服务是最重要的有效方法（Castro et al.，2011）。在本书中，我们从偏好的角度理解文化服务需求，并将偏好定义为研究区域的受访者对文化服务重要性感知，使用问卷调查工具来收集重要性感知数据（Shi et al.，2020b）。

（3）文化服务供需匹配及权衡协同：社会经济发展和快速城镇化等因素促使乡村土地利用变化引起生态系统结构和功能的变化，进而对区域文化服务供需平衡产生影响。研究文化服务供需状况及数量和空间匹配是进行生态系统管理和实现资源优化配置不可或缺的一项基础工作。与供给、调节生态系统服务不同，文化服务的供需评估是多学科和多种方法相结合的结果，其供需双方量纲不一致，难以进行供需绝对数量上的测算。因此本书中文化服务的供需匹配指的是文化服务的供给和需求在数量和空间上的相对均衡状态。在自然因素和人为活动的双重作用下，不同类型文化服务之间出现了此消彼长的权衡或互相增益的协同关系。本书从权衡关系和空间权衡两个方面共同关注文化服务供需两侧的权衡协同关系。

第四节 主要研究内容

通过对国内外已有研究的总结和述评，以及构建的文化服务供需综合评估及相互作用机理的概念框架，本书包含以下4个方面的研究内容。

一 生态系统文化服务供给评估

首先，根据位于生态脆弱区的陕北米脂县的自然地理环境和社会文化状况，并结合数据的可获取性和可操作性确定所研究的文化服务类型，包括美学、地方感、教育、社会关系、文化遗产、消遣娱乐。其次，从供给能力和可达性两个维度构建6类文化服务供给的评价指标体系，采用熵权法确定各指标的权重并计算各类服务的供给指数，定量评价米脂县村庄尺度各类文化服务供给的空间分异和时间演变。最后，采用障碍度模型探讨制约米脂县文化服务供给的障碍因素。

二 生态系统文化服务需求评估

文化服务需求的评估包含基于社会偏好的评估和基于地图式参与的需求空间制图的评估，以及文化服务需求空间分布的影响因素分析。首先，在界定文化服务概念的基础上，分别根据问卷调查和地图式参与法获取基于社会偏好的文化服务需求及其空间制图的数据。其次通过统计分析方法计算基于社会偏好的文化服务需求，通过Maxent模型实现文化服务需求的空间制图。最后，分析土地利用类型、海拔、坡度和坡向四个环境变量对文化服务需求空间分布的影响。

三 生态系统文化服务供需匹配及权衡协同研究

在6种文化服务供需量化的基础上，首先，采用基尼系数和供需系数分析各类文化服务的整体匹配状态及局部的空间匹配状态。其次，分别采用斯皮尔曼等级相关分析方法和双变量空间自相关分析方法分析供需两侧各类文化服务之间在数值上和空间上的权衡与协同关系。

四 生态系统文化服务供需相互作用机理分析

文化服务供给是文化服务需求实现的前提，受到社会经济因素影响的文化服务需求会通过改变生态系统服务而影响文化服务的供给，进而再次影响到文化服务需求，因此，文化服务供需之间存在复杂的循环互馈和非简单的线性关系。本书从文化服务的生物物理和社会经济两个维度出发，采用结构方程模型揭示文化服务供需之间的相互作用关系。

第五节 研究思路与技术路线

一 研究思路

本书在构建文化服务供需综合评估及相互作用机理概念框架的基础上，以陕西省米脂县为案例地，按照"供给空间演变—需求评估及空间制图—供需匹配及权衡协同—供需相互作用机理—文化服务供需可持续管理"的逻辑思路展开研究。首先对文化服务的研究背景及意义、相关概念、研究视角和方法、理论框架进行总结梳理，在此基础上构建文化服务供需综合评估及其影响机制的概念框架。此部分对应文章第一章。其次，按照指标体系构建的原则及文化服务供给评估的相关理论基础，构建文化服务供给的评价指标体系，揭示各类文化服务供给的时空差异及影响因素。此部分对应文章第三章。第三，在问卷调查和地图式参与的基础上，分别从社会偏好和空间制图的角度分析文化服务需求，并分析环境变量对文化服务需求的影响。此部分对应文章第四章。第四，在文化服务供需量化的基础上，揭示文化服务供需的空间匹配以及供需两侧多种类型文化服务间的权衡与协同关系。此部分对应文章第五章。之后分析文化服务供需之间的相互作用机理，此部分对应文章第六章。最后，基于以上研究提出研究区实现文化服务可持续供给和满足人们需求的对策建议。此部分对应文章第七章。

二 技术路线

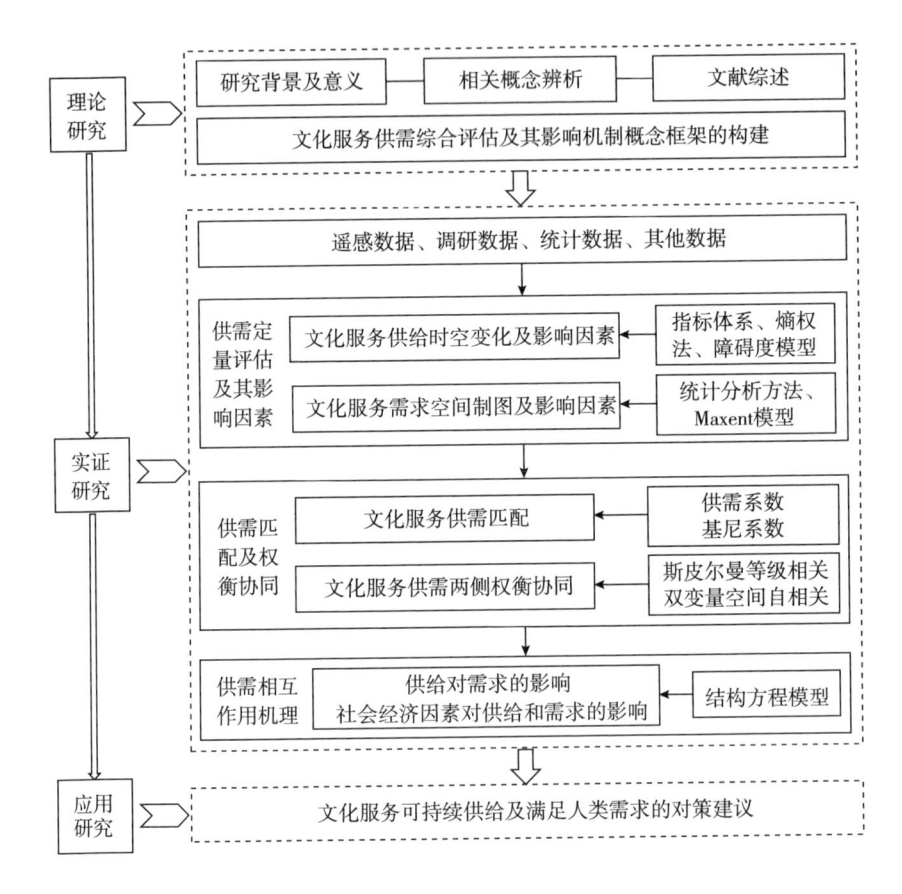

```
理论研究
  ├─ 研究背景及意义 → 相关概念辨析 → 文献综述
  └─ 文化服务供需综合评估及其影响机制概念框架的构建

实证研究
  ├─ 遥感数据、调研数据、统计数据、其他数据
  ├─ 供需定量评估及其影响因素
  │   ├─ 文化服务供给时空变化及影响因素 ── 指标体系、熵权法、障碍度模型
  │   └─ 文化服务需求空间制图及影响因素 ── 统计分析方法、Maxent模型
  ├─ 供需匹配及权衡协同
  │   ├─ 文化服务供需匹配 ── 供需系数、基尼系数
  │   └─ 文化服务供需两侧权衡协同 ── 斯皮尔曼等级相关、双变量空间自相关
  └─ 供需相互作用机理
      └─ 供给对需求的影响、社会经济因素对供给和需求的影响 ── 结构方程模型

应用研究
  └─ 文化服务可持续供给及满足人类需求的对策建议
```

图 1-2 技术路线

第二章 研究区概况及数据来源

第一节 研究区概况

米脂县的地理坐标为东经109°49′—110°29′，北纬37°39′—38°05′，地处黄土高原腹部，位于陕西省榆林市东南部，地表破碎，土壤贫瘠，水土流失严重，是典型的生态脆弱区。该县属于中温带半干旱性气候区，气候干燥，年降雨量少，年平均气温8.5℃，年平均降雨量451.6毫米且主要集中于夏季。地貌以峁、梁、沟、川为主，境内20378个山峁和16120条沟道构成沟壑纵横、梁峁起伏、支离破碎的地貌景观，属于典型的黄土高原丘陵沟壑系统。在起伏较高的地貌部位零星分布有干草原，河川溪谷地带多以草甸为主，河沟岸边和洼地分布有水生植被如沼泽性芦苇丛，此外，有广泛分布的乔木林和以散生状态为主的落叶阔叶灌丛。地势以中部无定河为分水岭，总体上东西高中部低，海拔843.1—1251.8米，平均海拔为1049米。该县境内土壤母质主要包括午城黄土、马兰黄土、离石黄土、三趾马红土、冲积母质土、坡积母质土和淤积母质土，其中，黄土是窑洞最基本和最普遍的建筑材料，根据不同黄土层的结构特性可建造不同的窑洞类型，窑洞成为当地典型的民居形式，藏着陕北人的"乡愁"。

米脂县行政区总面积1212平方公里，下辖银州镇、沙家店镇、印斗镇、桃镇、杨家沟镇、石沟镇、龙镇、李站乡、高渠乡、桥河岔乡、姬家岔乡、十里铺乡、郭兴庄乡，共13个乡镇，394个行政村。

该县历史悠久，文化底蕴深厚，有"千年古县""文化之乡""小戏之乡"和"梯田之乡"的美誉。自然与文化的融合形成了独特的社会—生态景观，为研究和探索生态脆弱区文化服务提供了良好的平台。

米脂县由于本身的地理及气候条件，加上农业生产方式粗放、长期的滥砍滥伐及人口的不断增长，生态环境不断恶化，水土流失和荒漠化严重威胁着当地的可持续发展。为了解决这些问题，新中国成立以来，米脂县先后经过小流域综合治理、水土保持重点工程、退耕还林、退牧还草、淤地坝和坡改梯等重大生态恢复工程（党小虎等，2018），土地利用不断发生变化。2018年人口为221847人，其中乡村人口为180894人，占比达81.54%。2018年末GDP为494430万元，人均GDP为22287元，其中旅游业收入为141200万元。土地利用变化和社会经济的发展必然伴随着文化服务供给和需求的变化，识别该县的文化服务供需状况及其相互作用机制，能为区域的可持续发展提供科学的理论依据。

第二节 研究区关键自然和社会经济要素变化

一 气候要素

2000年以来，米脂县年平均气温在9.6℃—10.7℃变化，整体上呈波动上升的趋势，平均每年升高约0.06℃。极端最高气温在35.7℃—40℃变化，也呈现波动上升的趋势，平均每年升高约0.07℃，尤其是近两年上升较快，极端最高气温高达40℃。极端最低气温在-25.2℃至-19.1℃波动，近年来极端最低气温上升态势明显，每年上升约为0.17℃。全年降雨量在297.5毫米—634.6毫米变化，其中，2004和2005年年降雨量最少为297.5毫米，其余年份均大于381.1毫米，整体上也呈波动上升趋势，平均每年降雨量增加约13.34毫米。总体来说，米脂县的气温和降水均呈现波动上升的趋势（见图2-1）。需要说明的是，由于2007—2014年的相关数据缺失，没有在图中显示。

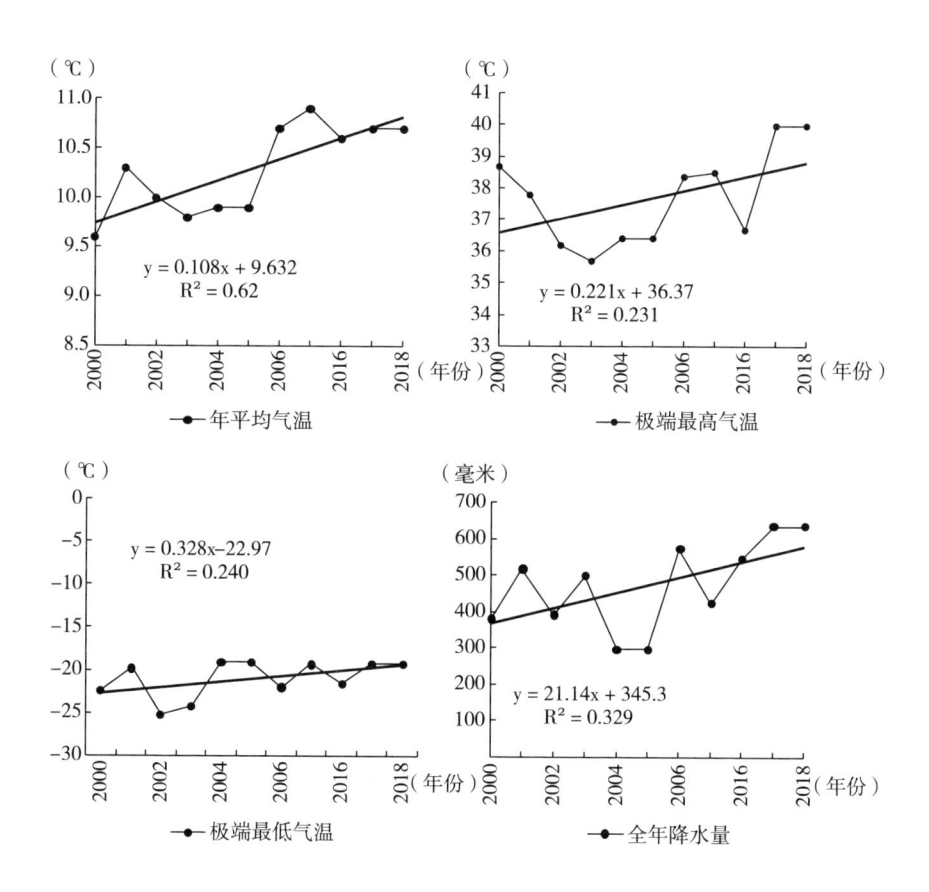

图 2-1　2000-2018 年米脂县气温和降水变化

二　土地利用

土地利用是长时期社会经济发展过程中人与自然相互作用的结果，是文化服务供给的来源，土地利用变化既能影响文化服务的供给又能导致文化服务需求的变化，因此，土地利用变化对文化服务供需的研究至关重要。由表 2-1 可知，米脂县在研究期间土地利用变化明显。除耕地面积减少以外，其余用地面积均在增加，其中，耕地、林地、草地、未利用地变化最为明显。耕地面积减少 290.05 平方公里，变化幅度为-37%，林地增加 158 平方公里，变化幅度为 157%，草地增加 98.12 平方公里，变化幅度为 40%。耕地面积的减少一方面由于退耕还林政策实施以来，坡地、远山险洼的耕地转化为林草地，另一方面由于耕地减少伴随的劳动力剩余及外出务工导致的人口流失使得耕地撂荒现象严重，耕地转化为未利用地，未利用地增加 27.48 平方公里，变化幅度为 2668%。水域面积增加 3.65 平方公里，变化幅度为 72%，这一方面由于米脂县水利建设事业得到了长足的发展，小型水库、塘坝、水池工程、灌溉渠道等得到建设，另一方面得益于研究区长期以来水土保持措施的实施，加之乡村旅游的兴起，水域资源得以开发。

表 2-1　2000—2018 年米脂县不同土地利用类型面积变化（平方公里）

年份	耕地	林地	草地	水域	居住用地	未利用地
2000	792.23	100.45	242.56	5.07	36.66	1.03
2018	502.18	258.45	340.68	8.72	39.46	28.51

生态恢复对生态脆弱区具有独特的战略意义，米脂县以农业生产功能为主导，以"三田"（梯田、坝地和水地）为主的基本农田建设是增强研究区耕地保水、抗旱能力的主要途径（Zhang et al., 2020），同时也是当地居民赖以生存的最主要的耕地资源，人们对其有较高的依恋和认同。由图 2-2 可知，梯田面积在研究区耕地中占比最大，2000—2018 年米脂县梯田面积占比呈现先下降后逐渐增长的趋势，这可能是由于 2015 年之前人口流失导致耕地撂荒或部分梯田由于夏季集中暴雨冲击遭到破坏，而在 2015 年之后即十三五规划期间米脂县按照"果业主导、多业并举"的农业产业化发展思路，把山地苹果作为全县的主导产业，山地苹果种植面积达 140 平方公里，分布于 178 个行政村，而山地苹果一般都种植于梯田，因此，梯田得到充分利用和修建，其面积也在增加。由于坝地地形平坦，粮食产量高，是研究区的高标准良田，利用率高，研究期间保持平稳增长，由 2000 年的 22.14 平方公里增长到 2018 年的 27.71 平方公里，年均增长率为

1.25%。研究区属于中温带内陆半干旱性气候区,十年九旱,灌溉资源不足,水田面积占比较小,随着水土保持工程的进程,部分村庄实现了水不下山、泥不出沟的奇迹,使得水田面积呈下降的趋势,由2000年的25.63平方公里减少到2018年的15.74平方公里。

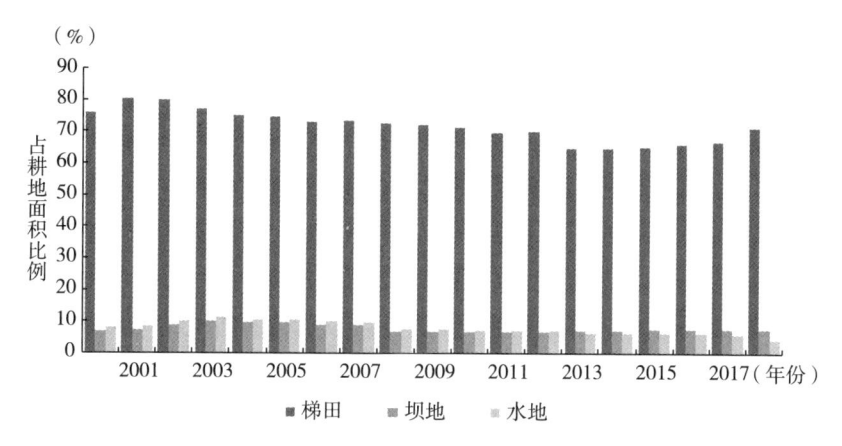

图 2-2　2000—2018 年米脂县"三田"面积占比变化

三　人口

米脂县总人口由2000年的 $20.85×10^4$ 人增长到2018年的 $22.18×10^4$ 人,年均增长率为0.34%(见图2-3)。其间,根据人口增长速度可以划分为3个阶段,2000—2006年为缓慢增长阶段,甚至在2002年出现总人口下降的状况,年均增长率仅为0.06%。2007—2013年处于快速增长阶段,年均增长率达到0.96%,在2013年人口处于研究区的峰值,达到 $22.44×10^4$ 人。2014—2018年又呈现缓慢增长甚至下降的趋势,年均增长率下降为0.19%。2000年以来,米脂县城镇化率呈直线上升的趋势,年均增长率为4.50%,19年间增长了约2.22倍。总体来说,研究期间米脂县人口和城镇化率都呈现上升趋势,这一方面可能会因为人类活动强度的增强导致土地利用发生变化进而影响到文化服务的可持续供给,另一方面也会因为生活环境和生活方式的转变改变人类对生态系统服务的需求,尤其是城镇人口的增加可能会使得人们对文化服务的需求增加。

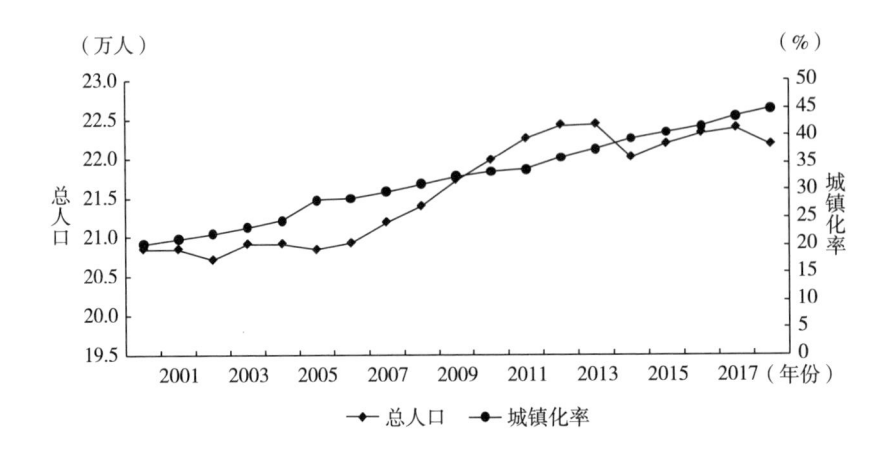

图 2-3　2000—2018 年米脂县总人口和城镇化率变化

四　经济

2000 年，米脂县 GDP 仅有 20890 万元，到 2018 年增长到 494430 万元，年均增长率为 19.22%，19 年间该县经济发展呈现飞速发展的趋势（见图 2-4）。GDP 的增长可以划分为两个阶段。第一阶段为 2003 年以前，GDP 处于缓慢增长阶段，年均增长率为 11.94%，该阶段米脂县经济处于平稳发展时期。第二阶段为 2004 年以后，GDP 处于快速增长阶段，年均增长率为 19.63%，进入经济快速发展时期。其间，第一、第二、第三产业生产总值均呈现逐渐上升的趋势，但第一产业生产总值占 GDP 的比重逐渐下降，第二、第三产业占比呈现波动上升的趋势（见图 2-5）。具体为，第一产业占比由 2000 年的 26.48%下降到 2018 年的 16.80%，变化幅度为-36.57%；第二产业占比由 2000 年的 28.79%增加到 2018 年的 30.53%，变化幅度为 6.03%；第三产业占比在研究期间一直较高，由 2000 年的 44.73%增加到 52.68%，变化幅度为 17.77%。另外，随着经济的增长和产业结构的优化升级，农民人均纯收入也呈现逐渐上升的趋势，其上升速度与 GDP 增长速度相当，2000—2003 年增长速度缓慢，年均增长率为 9.17%，2004—2018 年增长速度较快，年均增长率为 16.41%。研究表明，随着经济的增长，人类对文化服务的需求会逐渐增加（Guo et al., 2010），因此，随着米脂县经济的不断增长、产业结构的优化升级和人均收入增加，会伴随着人们消费能力的提升和消费结构的多样化，进而会影响到文化服务的供需状况。

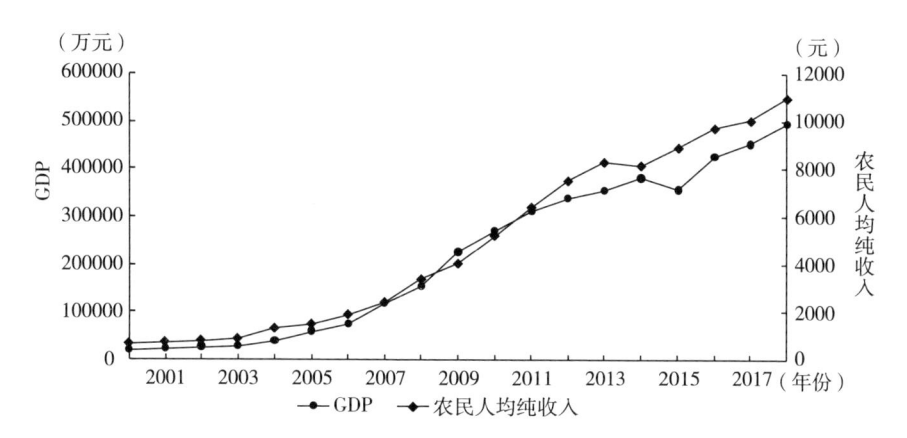

图 2-4　2000—2018 年米脂县 GDP 和农民人均纯收入变化

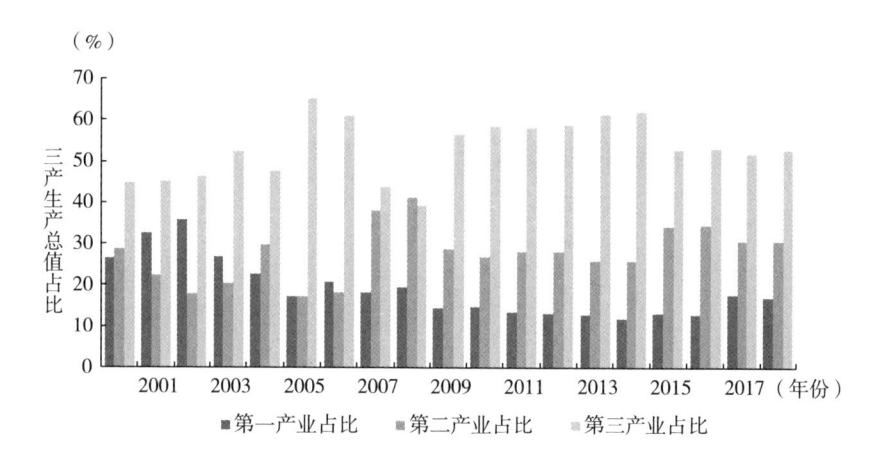

图 2-5　2000—2018 年米脂县三产生产总值占 GDP 比重变化

五　基础设施

米脂县一直以来非常重视乡村基础设施建设，就交通概况来说，目前，全县农村公路总里程达 1128.49 公里，其中，县道 5 条 89.72 公里，乡道 18 条 182.24 公里，村道 328 条 856.54 公里，村庄平均道路密度从 2000 年的 2.44 平方公里上升为 5.11 平方公里，村庄通畅率达 100%。饮水安全方面，建设集中泵站供水工程 261 处，分散供水 145 处，农村自来水普及率达到 90.7%，城镇自来水普及率 98%。通信方面，全县本地电话用户 19732 户，住宅电话 152309 户，移动电话 136578 户，每百人拥有 86.66 部移动电话，国际互联网用户 27365 户，移动、联通和电信信号塔设施分布逐步完善。基础设施是一个区域文化服务供给潜力发挥的关键因素，米脂县基础设施不断完善，这为其文化服务供给潜力的发挥提供了良好的条件。

六　文化旅游

米脂县故有"古银州"之称，至今有一千多年的历史，文化积淀厚重，2014 年获联合国地名专家组中国分部颁发的中国地名文化遗产保护工程"千年古县"荣誉。劳动人民在与自然和谐相处的生产生活中厚积薄发，创造了具有地方特色的民歌、秧歌、吹打乐等民俗文化。新中国成立后，鼓励发展文化事业、普及文化艺术，新民歌、新秧歌、新戏剧应运而生，米脂县各项文化事业出现勃勃生机的景象。另外，米脂县旅游资源丰富，2019 年共接待游客 373.6 万人次，同比增长 18%，旅游综合收入 17.78 亿元，同比增长 26%。2019 年 3 月被列为第一批革命文物保护利用片区分县名单。米脂县旅游资源根据文化服务研究的需要可以分为三大类，古建古迹、革命旧址和风景名胜。其中，古建古迹包含李自成行宫、窑洞古城、杜氏庄园、马氏庄园、姜氏庄园、常氏庄园、永乐城遗址、古代大寺院遗址、毘芦寺石窟、木头则河石窟、万佛洞石窟、东汉墓葬群等。革命旧址包括杨家沟革命旧址、转战陕北纪念馆、沙家店战役遗址、沙家店粮站、中共米东县委旧址，以及名人旧居如刘澜涛旧居、李鼎铭旧居、马明芳旧居、杜岚旧居、郭洪涛旧居、杜聿明故居等，都是米脂县爱国主义教育基地。风景名胜包括柳家坬貂蝉山庄、高西沟农业旅游示范点、田家沟南沟大坝、李均沟芍药花海、张家铺桃林等。米脂县丰富的文化旅游资源是社会关系、文化遗产、教育和消遣娱乐等文化服务的源泉，为文化服务的研究提供了资源基础。

第三节 调研点选择依据

2018年第一次调研我们选择了米脂县未来西部生态发展区石沟镇和东部现代农业发展区高渠乡为调研地点，对两个乡镇包含的全部62个行政村进行了实地调研（见表2-2）。

表2-2　　　　　米脂县石沟镇和高渠乡的村庄

隶属乡镇	村庄名称
石沟镇	杜家石沟村、善家沟村、罗家硷村、高家硷村、西马家沟村、刘家沟村、四郎沟村、党家塌村、西杜家沟村、张家畔村、朱兴庄村、树山村、东山梁村、艾好湾村、盘草沟村、杜新庄村、西常兴庄村、李生塬村、柳家硷村、卧马坪村、西常家渠村、高兴庄村、冯硷村、郝家兴庄村、西艾渠村、庞富村、李家硷村、庙塬村、黑山则村、西高渠村、羊路沟村、庙山村、党坪村、官道山村、崔圪捞村、鸳鸯山村、黑彦青村、老塌村、阎家畔村、阳畔村、宋山村、任家坪村
高渠乡	高渠村、田渠村、冯渠村、白家塬村、陈家沟村、高庙山村、麻渠村、阳山村、高家硷村、折家坪村、马家沟村、姬家寨村、井家沟村、姜新庄村、安沟村、高西沟村、李谢硷村、马蹄硷村、李郝山村、刘渠村

石沟镇位于米脂县城西12.5公里处，总面积151.76平方公里，下辖42个行政村。该镇中部有黄河的支流，杜家石河，自东向西穿过，南北两侧为山地丘陵。20世纪七八十年代以来，该镇以控制水土流失为治理目标，以改善生态环境为根本，全面实施退耕还林（草）近4万亩，绿化荒山4.5万亩，林草覆盖率达45.73%，"三田"面积占整个米脂县"三田"面积的14.68%，成为黄土高原流域治理和生态环境建设示范镇。社会经济方面，2018年，石沟镇总人口为17457人，非农业人口1095人，占比为6.27%。2018年末，农民人均可支配收入11715元，高于整个米脂县的农民人均可支配收入水平。另外，石沟镇具有毗邻米脂县城的区位优势，依托貂蝉故里的文化传说和陕北少见的柳家洼崖窑峁自然资源，极力打造以峡谷旅游风景为主

体的旅游产业，在2017—2030年米脂县总体规划中，已被规划为米脂县西部生态发展区，未来以发展生态农业和生态旅游服务业为主。

高渠乡位于米脂县城北10公里处，总面积72.4平方公里，下辖20个行政村。2018年，该乡总人口9583人，非农业人口330人，仅占比3.44%。该乡红葱种植历史悠久，其中最早的刘渠村已经有200多年的种植历史，2009年，该乡被农业部批准为无公害红葱生产基地。近年来，该乡发挥资源优势，推进红葱产业化进程，红葱成为当地农民主要的收入来源。在2017—2030年米脂县总体规划中，该乡被规划为米脂县东部现代农业发展区。值得一提的是该乡被誉为"全国农业旅游示范点"的高西沟村，该村在20世纪50年代就开始了征山治水运动，坚持山、水、田、林、路综合治理，实施农、林、牧各占三分之一的经营模式，全村荒山治理程度达78%，林草地覆盖率达69.3%，实现了人与自然和谐共处，经济、社会和生态协调发展的目标，成为黄土高原丘陵沟壑区生态建设的一面旗帜。近年来，该村加快农业产业提质升级，规模种植山地苹果、拓展生态旅游，逐渐形成了"农业+文化+生态旅游"综合发展的现代农业模式。总之，该乡生态建设历史和现代农业的发展为文化服务的研究提供了典型案例地。

2019年第二次调研，在对以上两个典型乡镇进行调研的基础上，考虑自然地理环境差异、村庄特点和空间分布的均衡性，参考宋世雄等（2018）的研究，将米脂县村庄划分为农业型村庄、经济型村庄、生态型村庄、城镇型村庄四大类，从涵盖了整个米脂县的13个乡镇中，采用分层抽样的方法共选取了69个行政村进行调研（见表2-3）。其中，农业型村庄25个，分布于米脂县北部和东西部边缘的山地丘陵地区。经济型村庄21个，主要分布在米脂县东部，毗邻银州镇，交通优势明显的乡镇中，以及西北边缘具有主导农业产业的个别村庄，如高渠乡以红葱种植为主的大部分村庄、杨家沟镇以红色旅游为主的村庄、桃镇的养猪专业村牛沟村以及郭兴庄乡以养鸡、养羊等养殖业为主导的李兴庄村、阳石洼村。生态型村庄13个，主要由米脂县西部的石沟镇、东部的典型村庄高西沟及其相邻的沙家店镇的个别村庄组成。城镇型村庄 10 个，主要位于银州镇和十里铺乡所在的川道地区。

表 2-3　　　　　　　　　　米脂县 2019 年调研村庄

隶属乡镇	村庄类型	村庄名称
桃镇	农业型村庄	后王坪村、刘岔村
	经济型村庄	桃镇村、牛沟村
高渠乡	生态型村庄	高西沟村
	经济型村庄	高庙山村、高家硷村、折家坪村、井家沟村、姜新庄村、马蹄坬村、刘渠村
印斗镇	农业型村庄	陈岔村、红崖坬村
	经济型村庄	对岔村、马家铺村
沙家店镇	生态型村庄	沙家店村、君家沟村、白家硷村
	农业型村庄	刘家沟村、木头则沟村、老虎圪塔村
十里铺乡	生态型村庄	张家塔村
	城镇型村庄	十里铺村、赵家山村、周家沟村
郭兴庄乡	农业型村庄	郭兴庄村、白石畔村、田家沟村、天王塔村、杨山村
	经济型村庄	李兴庄村、阳石坬村
龙镇	农业型村庄	哈流咀村、马湖峪村、张兴庄村、赵庄村、高庄村
石沟镇	生态型村庄	杜家石沟村、朱兴庄村、艾好湾村、柳家坬村、西艾渠村、庙墕村、党坪村、官道山村
李站乡	农业型村庄	天花界村、冯家英沟村、张庆甫沟村、杜家塬村
银州镇	城镇型村庄	北街村、南关村、湍卧梁村、官庄村、孟岔村、背东山村、镇子湾村
姬家岔乡	农业型村庄	黑圪塔村、高家坪村、李家沟村、井家河村
桥河岔乡	经济型村庄	桥河岔村、七里庙村、刘家峁村、吕家硷村
杨家沟镇	经济型村庄	岳家岔村、杨家沟村、李均沟村、罗硷村

为了实现米脂县文化服务需求的空间化制图，在以上两次调研选择的所有村庄中继续筛选出 34 个典型村庄进行地图式参与（见表 2-4），该数据的获取在第二次调研中完成。首先考虑不同的地形地貌和空间分布的均衡性，确保位于川道、沟谷和山地的村庄均包括在内，其次确保不同村庄类型的村庄均包含在内。最后筛选出农业型村庄 13

个,经济型村庄 10 个,生态型村庄 6 个,城镇型村庄 5 个。其中,这些村庄中 67.65%的拥有旅游景点,50%实施了美丽乡村建设,保证了文化服务研究的典型性。

表 2-4　　　　　　　　米脂县地图式参与村庄

隶属乡镇	村庄类型	村庄名称
高渠乡	经济型村庄	高庙山村
	生态型村庄	高西沟村
印斗镇	经济型村庄	马家铺村、对岔村
	农业型村庄	红崖圪村
郭兴庄乡	农业型村庄	天王塔村、田家沟村
	经济型村庄	李兴庄村、阳石圪村
沙家店镇	农业型村庄	木头则沟村
	生态型村庄	沙家店村
龙镇	农业型村庄	马湖峪村、高庄村、张兴庄村
桃镇	经济型村庄	桃镇村
李站乡	农业型村庄	杜家塬村、天花界村、张庆甫沟村
石沟镇	生态型村庄	西艾渠村、柳家圪村、艾好湾村、庙墕村
银州镇	城镇型村庄	官庄村、北街村、湍卧梁村、镇子湾村
姬家岔乡	农业型村庄	黑圪塔村、井家河村、高家坪村
桥河岔乡	经济型村庄	吕家硷村、刘家峁村
十里铺乡	城镇型村庄	周家沟村
杨家沟镇	经济型村庄	李均沟村、杨家沟村

第四节　数据来源与时段

一　数据来源

(一)土地利用数据

米脂县 2000 年土地利用数据来源于地理空间数据云共享平台的

ETM 影像数，2009 年土地利用数据来源于第二次全国土地利用 1∶10000 调查，2018 年土地利用数据源于该年米脂县高分一号影像数据（2 米全色、8 米多光谱融合数据）。

（二）NDVI 数据

NDVI 数据来源于地理空间数据云，2000 年和 2009 年源于 Landsat 7 ETM 影像数据，2018 年源于 Landsat 8 OLI_ TIRS 影像数据（15 米全色与 30 米多光谱）。

（三）DEM（Digital Elevation Model，DEM）数据

DEM 数据下载于地理空间数据云，空间分辨率为 30×30 米，重采样为 10 米 DEM 栅格。

（四）社会经济统计数据

社会经济统计数据源于米脂县统计局、米脂县人民政府官网、榆林市统计局和陕西省地方志办公室官网。主要数据资料包含：2000—2018 年《米脂县国民经济统计资料》、1993 年版《米脂县志》、2000—2016 年《米脂年鉴》、2000—2018 年《榆林统计年鉴》。

（五）实地调查数据

研究区的实地调查分两次进行：第一次是在 2018 年 7 月 24—8 月 24 日。首先，通过走访米脂县人民政府从宏观层面了解该县的自然环境、社会经济发展和历史文化状况，并获取相关的社会经济统计资料。其次是对高渠乡和石沟镇两个典型乡镇的全部 62 个村庄进行调研，根据不同村庄人口数量的不同，随机选取 5—12 个受访者进行对文化服务重要性感知及个体社会经济特征的问卷调查，共回收个体问卷 591 份，有效问卷 585 份。另外，还通过对各村的村长、会计、书记等关键人物进行半结构化访谈，了解村庄的人口、经济、基础设施、文化遗产、传统文化等情况，最终获取 62 份村庄整体问卷。

第二次调研是在 2019 年 7 月 8—25 日，在 2018 年第一次调研的基础上，结合本研究所需数据，扩大调研范围，补充调研内容。本次调研内容包括居民个体的问卷调查、村庄关键人物的半结构化访谈和地图式参与制图。首先，考虑样本点的自然地理、社会经济条件差异及在空间分布上的均匀性，采用分层抽样的方法在米脂县 13 个乡镇

中选取了 69 个行政村进行调研，同样采用随机抽样的方法对受访者进行问卷调查，并在上次调研的基础上在问卷中添加了居民日常生活中所处环境空间及其文化实践相关的内容。同样通过对各村关键人物的半结构化访谈了解村庄情况。共收回个体问卷 502 份，有效问卷 497 份，外加 69 份村庄整体问卷。需要说明的是，两次调研包括高渠乡和石沟镇 16 个重复的村庄，最终调研了 115 个村庄。另外，在调研的 115 个村庄中，进一步考虑村庄特点和空间分布的均衡性，筛选出 34 个村庄进行地图式参与制图，也涵盖了米脂县 13 个乡镇。

二 研究时段划定

本书研究时段的确定主要考虑米脂县在 1999 年实施退耕还林政策之后土地利用变化剧烈，加之随着社会经济发展速度的加快，文化服务的供需会随之发生变化，另外考虑研究数据的可获取性，将第三章米脂县文化服务供给时空演化的研究时段确定为 2000—2018 年。但由于长时期历史问卷数据积累的困难以及周期过长问卷答案的不确定性，本书第四章文化服务需求的研究为静态数据。

第五节 关键生态系统文化服务类型的选择

在文化服务需求评估遴选服务类型的过程中，参考 MA（2005）对文化服务的分类，选择了美学、教育、地方感、社会关系、文化遗产、精神宗教、消遣娱乐 7 类文化服务制作米脂县文化服务重要性感知的问卷。有学者指出，文化服务除了这些积极服务以外还应包括消极服务，即在生态系统服务评估中视为对生态系统服务有威胁的服务（Manzo，2005）。参考 Plieninger 等（2013b）和彭婉婷等（2019）的研究，在地图式参与中除了 7 类积极服务以外，选择了不安全和不清洁两个消极服务。在实际调研中发现，由于当地政府提倡崇尚科学、坚决反对封建迷信和愚昧落后，当问及精神宗教的重要性时，当地居民均认为不重视精神宗教。在地图式参与过程中，当地居民标注的不安全的地点均为山体滑坡，而滑坡地点均在距离居住区较远的山区，不直接影响居民的生产生活，根据当地居民长期的经验知识，对发生地点比较熟悉，能规避风险。对不清洁地点的标注均为养殖场，如养鸡、养羊、养猪、养驴场等对空气的影响，这些养殖场一方面数量较少，另一方面也建立在距离居住区较远的山区，对居民的日常生活影响不大。因此，根据研究区实际情况，并考虑供给评估中数据的可获得性和可量化的文化服务类型，最后保留美学、教育、地方感、社会关系、文化遗产、消遣娱乐6类文化服务进行供需评估。

第三章　生态系统文化服务供给的时空演化

文化服务是人类与生态系统相互作用的产物,其对人类福祉的贡献已经得到公认。文化服务供给是文化服务的来源和文化服务研究的基础(He et al., 2019),提高文化服务供给可以为人类和地区提供多种资源和选项,人们可以用其作为应对自然灾害或社会巨变的安全保障(MA, 2005)。决策者和政策制定者必须在土地利用规划和景观管理中考虑文化服务供给的时空特征,这对于实现可持续发展目标和确保长期提供文化服务至关重要(Santarém et al., 2020)。本章对文化服务供给的研究是针对生态系统提供文化服务的潜力,即对文化服务潜在供给的量化和空间可视化,不考虑人类是否实际使用这些服务。本章构建美学、教育、地方感、社会关系、文化遗产和消遣娱乐6类文化服务供给的评价指标体系,运用熵权 TOPSIS 模型对米脂县394个村庄的6类文化服务供给进行计算并分析其时空演化规律。此外,为了对文化服务进行针对性的优化管理,使用障碍度模型识别出影响米脂县文化服务供给的因素。

第一节　研究数据与方法

一　评价指标体系构建

(一)指标体系构建原则

(1)科学性原则。构建文化服务供给评价指标体系必须建立在充分理解文化服务供给概念内涵和了解研究区文化服务供给实际情况的基础上,遵循文化服务供需相关理论来选择指标,客观反映文化服务供给的内在本质并有效体现评价目标,最终科学测度文化服务供给特征,客观和真实地反映文化服务供给的实际状态。

(2) 可操作性原则。指标体系的构建应充分考虑数据的可获取性、可靠性、是否容易量化等因素,保证研究计划的可行性,同时要考虑数据在不同区域和时期的可比性,提高研究的普适性。

(3) 动态性原则。文化服务供给随着生态系统和社会经济的变化具有动态性特征,需要通过一定的时间尺度才能更好地反映,因此,指标的选取应考虑其在时间序列下有动态变化,能较好地度量文化服务供给的动态演化特征。

(4) 地方性原则。不同的研究区实际特点不同,文化服务供给的景观类型和社会环境背景不同,文化服务供给指标体系应针对研究区的特点进行甄选,即指标体系的构成必须紧紧围绕文化服务供给的理论基础和研究区的实际特点展开,使最终的评价结果能准确反映研究区的文化服务供给潜力。

(二) 生态系统文化服务供给评价指标体系构建

本书以行政村为研究尺度,借鉴已有研究(Church et al., 2014; Beichler et al., 2015; Ala-Hulkko et al., 2016; Wang et al., 2017),基于指标体系构建的原则,从各类服务的概念及生态系统的功能和结构出发构建米脂县文化服务供给指标体系。尽管生态系统提供文化服务的能力取决于人们偏好相关的生态系统特征,本书认同 Baró 等(2016)和 Paracchini 等(2014)的观点,假设所有的生态系统,包括自然、半自然和人工生态系统都是文化服务的潜在提供者。值得注意的是,很难将生态系统的某一元素或者功能指定给某一类文化服务,例如,林草地可以提供美学服务,也可以提供休闲娱乐服务,因此,分别计算各类文化服务十分困难。为避免重复计算,在进行子类文化服务评估之前,需要向每个"操作单元"即不同的景观类型分配生态系统的功能、价值和效益。例如,当林草地被定义为测度美学服务的指标时,就不能够再列为消遣娱乐服务的计算中(Hernández-Morcillo et al., 2017)。各子类文化服务的概念及指标选取的说明如下。

1. 美学。美学服务即生态系统对人类视觉感知的愉悦程度,自然程度和景观质量是影响美学的重要因素（Booth et al.，2017）。自然程度是人们对更自然地区偏好的代表，自然度较高的地区被认为具有更高的美学价值，采用植被覆盖度和人类活动强度两个指标来表征（Paracchini et al.，2014）。其中，植被覆盖度是常用的表征自然程度的指标，用归一化植被指数（Normal Difference Vegetation Index，NDVI）代表，是目前使用最广泛的表征植被状况的指标，能客观反映研究区植被覆盖信息（李双双等，2012）。人类活动强度是衡量人类对景观干扰程度的指标，人类活动对景观的影响和作用程度不断加强，引起了一系列生态环境问题，进而影响区域的自然程度，人类活动强度作为表征人类对陆地表层影响和作用程度的综合指标已经得到诸多学者的认可（徐勇等，2015；徐小任、徐勇，2017），人类活动强度越大，景观的受干扰程度就越大，区域的自然程度就越小。另外，景观质量因地而异，给定景观对人类福祉的贡献可能因为景观质量而有所不同（Tratalos et al.，2016）。景观质量指标是景观特征中能衡量景观吸引力程度的指标（Church et al.，2014）。景观异质性和景观连接度都是影响景观质量的重要因素。其中，景观异质性已经成为常用的表征景观质量的指标，常用景观多样性指数来表征（Bryan et al.，2010），参考 Fagerholm 等（2012）的研究，本书采用香农多样性指数（Shannon's diversity index，SHDI）。景观连接度是描述景观中廊道或基质在空间上如何连接和延续的测定指标，侧重于反映景观的功能特征，在较大程度上影响着物种的丰富度和生存（陈利顶、傅伯杰，1996）。

2. 教育。教育服务指生态系统及其组分和过程可以为社会提供开展正式教育和非正式教育的基础（MA，2005）。根据米脂县的实际情况，我们将米脂县生态系统提供的教育服务分为传统文化教育、爱国主义教育和生态保护教育三类。其中，①米脂县历史悠久，有"文化之乡"和"小戏之乡"的美誉，有本地固有的饱含黄土高原风格的历史传统、习俗仪规和集体记忆，村庄内普遍存在着一些制度化活动形式，如乡村文艺活动陕北秧歌、唱戏等，红白喜事仪式活动，节庆、祭祀活动等，这些都是本地传统文化的范畴，或以礼仪、节日、戏曲的符号存在，或是经过启蒙、传授、检验而潜移默化地储存。总而言之，这些传统文化的传承必须坐落于一定的公共空间，文化的传承发展需要本地文化与公共空间之间的互融互通，公共空间的消解也会给村落文化传承带来负面影响，甚至导致其消退衰亡。由古戏台演变而来的文化广场是米脂县最常见的公共空间，在乡村生活中扮演着传承传统文化的角色，是乡村文化产生、发展和传播的空间载体，具有传统文化的教育意义，因此，我们采用文化广场面积表征村庄传统文化教育服务的供给潜力。②米脂曾经是陕甘宁边区重要的革命根据地之一，也是全国著名的革命老区，为陕北革命根据地的建立和新民主主义革命的胜利作出了巨大贡献，因此很多革命旧址，民主斗士、抗日名将、党和国家领导人的旧居在该县保存下来，成为爱国主义教育基地，具有重要的爱国主义教育意义。我们采用爱国主义教育基地个数表征爱国主义教育服务的供给潜力。③米脂县多年以来以小流域为单元实施多种生态恢复措施，其中，退耕还林是涉及面最广、群众参与程度最高的一项生态工程（陈海等，2013）。该县1999年被国家林业局列为首批退耕还林示范县，目前累计造林面积383.33平方公里，种草面积190平方公里，水土流失治理面积640平方公里，植被恢复和水土流失治理效果明显。退耕还林政策改善生态环境的同时提高了人们保护生态环境的生态意识（折小龙，2012），具有重要的生态保护教育意义。因此，采用退耕还林还草面积占比表征生态保护教育服务的供给潜力。

3. 地方感。地方感指地方自身固有的特性和人们对地方的依附感，包含了地方的客观特征和人们的主观认知两方面的内容（汪芳等，2009）。地方感内涵中对主观认知的研究关注较多，认为地方感是人们对特定地方的依恋和认同，指人以地方为媒介产生的一种特殊的情感体验，包含个体和群体与其居住区域之间的情感纽带（蔡晓梅等，2012）。这一概念基于心理学更多地探讨人们与相对不熟悉的环境如迁入地、旅游地之间的主观持有的价值观和认知（张骁鸣、翁佳茗，2019）。最近，有学者从唯物主义哲学意义上理解地方感是由物质或自然环境决定和塑造的，即通过在生态系统中进行的活动来创造和维持的，这些活动与其场所密不可分（Poe et al.，2016）。这与

Fish 等（2016）提出的文化服务的概念大致一致，即人们通过与生态系统的互动积极创造和表达的关系的过程和实体。这一类观点基于现象学注重描述人在空间和地方中的实际经验，更多地关注人们与相对熟悉的环境如所在社区的关系，并强调在不忽视地方感主观性质的基础上采用综合指标的方法衡量地方感（Ryfield et al.，2019）。本书认同后面一类学者的观点，认为采用客观指标量化地方感为生态系统管理提供了一种识别和回应在特定空间中形成的情感和精神纽带的方法，将地方感作为一种物质现象来考察，表现了特定地点的生态条件与人类居住的社会文化条件之间的关系。在具体的操作过程中，从地方独特的物理特性出发，将地方感赋予与相关情感联系的特定景观。

米脂县地处陕北黄土高原，为典型的以农耕文化为主导的乡村地域类型，村民与土地交互密切，土地是村民生活生产的根基。由于地貌以峁、梁、沟、川为主，主要可利用和质量较高的耕地资源为梯田、坝地和水地，人们依赖它们获取生活资料并取得经济收益，将它们作为生产生活的主导组成部分，对它们有强烈的地方认同和地方依恋，如实地调研中郭兴庄乡田家沟村 75 岁的李海生老人就提到对自己的一块坝地感情深厚，每天去看一遍，因为这块地庄稼长得好，最养人。另外，黄土窑洞是该地区民居的典型代表，巧妙地利用了黄土承载能力强和陕北干旱少雨的气候条件，形成了具有冬暖夏凉特性的绿色生态建筑，是劳动人民顺应自然、利用自然的智慧结晶，当地居民表示已经习惯在窑洞居住，并对窑洞具有深厚的情感，实地调研中大部分受访者都表达了对其他居住形式不习惯是不愿意离开当地的原因之一。如同 Schröter 等（2014）的研究中也认同第二家园（小屋）在挪威地区是人们表达对环境情感依恋的社会构建。总之，"三田"和窑洞是寄托研究区居民情感要素的独特的空间载体，因此，采用"三田"面积占比和地均窑洞面积表征地方感服务的供给潜力与米脂县实际情况相符合。

4. 社会关系。生态系统可以对建立在特定文化基础之上的多种社会关系产生影响（MA，2005）。米脂县作为以农业社会为主导的社会关系，传统社会关系表现为以亲缘和地缘为主的熟人社会，整个社会组织按照以家庭为核心、家族为边界范围的血缘—地缘模式聚族而居。其中，地缘是亲缘在空间上的表现形态，指在地理空间上相互交往形成的人际关系，在乡村社会关系中主要表现为邻里关系，邻里乡亲是乡村社会运行的纽带（孙婧雯等，2020），他们活动的区域可能仅仅是村庄或周围的几里地（保虎，2018），互助性成为长期的社会关系中形成的一种乡土特质（渠鲲飞、左停，2019）。改革开放以来，在市场化、信息化、城镇化、农业现代化的背景下，乡村的社会关系突破了以往狭隘的地域限制，交往空间扩大，社会人口流动速度加大，社会群体的异质性变大，由此伴随着社会关系网络的重构，具体表现为以亲缘、地缘组成的内生型传统社会关系仍然占据重要地位，外缘型的新型社会关系逐渐成为主要力量（保虎，2018）。

基于以上分析，本书采用居民点分离度、居民点到最近乡镇的距离和居民点到县城的距离三个指标表征米脂县的社会关系供给潜力，其中，居民点分离度越小可能会使得邻里之间的互助性越强，内生型社会关系就越紧密，而居民点到最近乡镇的距离和居民点到县城的距离越小，受城镇化、便捷化的影响程度就越大，外缘型社会关系也就越强。

5. 文化遗产。文化遗产服务指社会对维护历史上的重要景观（"人文景观"）或者具有显著文化价值的物种赋予很高的价值（MA，2005）。文化遗产从过去的几代人那里继承下来，保存到现在，提供了跨代共享的体验。在最初的联合国教育、科学及文化组织的《世界遗产公约》中，文化遗产主要指物质方面的文化遗产，后来扩展到包括神话、传说、知识和技能等非物质文化遗产。在文化服务供给评估中，将文化遗产与特定的生态系统特征联系起来，主要关注以物质形式表现出来的文化遗产。人文景观是文化遗产的重要组成部分，是文化价值的载体（Daniel et al.，2012）。本书将研究区历史悠久的人文景观概括为古建古迹，并采用其个数和面积共同表征文化遗产服务的供给潜力。由于革命旧址，民主斗士、抗日名将、党和国家领导人的旧居已经归为爱国主义教育服务的供给，为了避免重复计算，文化遗产供给的古建古迹为除这些景观以外的人文景观，如李自成行宫、窑洞古城、各大庄园、石窟及各村的寺庙景观。值得一提的是，由于佛教的历史悠久、古人祭祀祖宗以及祭祀鬼神以祈求风调雨顺等，寺庙景观在当地比较普遍。寺庙景观是指寺庙建筑与其周围环境结合而形成的园林景观，通常由其本身的院落空间和外部附属的园林环境组成，呈现出自然景观与人文景观的完美融合（高颖，2015）。现在，在社会主义核心价值观的引领下，寺庙景观的功能逐渐发生变化，作为文化遗产提供疗养、旅游价值成为现代寺庙景观的主要功能。因此，寺庙景观可以作为表征文化遗产供给潜力的指标。

6. 消遣娱乐。消遣娱乐指人们对空闲时间去处的选择，在一定程度上通常是根据特定区域的自然景观或者半自然景观的特征做出的选择（MA，2005）。所有的景观都是潜在的消遣娱乐服务的提供者（Zhao et al.，2020），而可达性已经被证明是解释消遣娱乐服务使用的一个关键变量（Baró et al.，2016），用以表征景观的可使用性和人类对景观的参与程度（江琳芳，2018），为消遣娱乐服务供给潜力的发挥提供了机会。林草地、水域、农田等乡村景观和风景名胜可以提供消遣娱乐服务已经得到诸多研究的证实（Muhamad et al.，2014；Paracchini et al.，2014；He et al.，2019；Zoderer et al.，2019），参考 Church 等（2014）的研究，根据研究区实际情况，本书认为耕地、林地、草地、风景名胜、水域和文化广场都可以提供消遣娱乐服务，并采用这些景观的面积、面积占比和可达性来表征消遣娱乐服务供给潜力。需要说明的是，林草地和耕地面积占比、文化广场面积已经分别被用来表征美学服务、地方感服务和教育服务的供给，为避免重复计算，就不再列为消遣娱乐服务供给的指标体系之内。对于消遣娱乐服务而言，距离因素更为重要，比如原始森林一般分布于距离居民点较远的位置，这些森林大多通过风俗习惯、村规民约等形成了村民自觉保护的传统保护体系（高虹等，2013），而距离居民点较近和可利用的经济林，如米脂县退耕还林的部分森林为可以获得经济收益的苹果树、大扁杏、桃树等，通常可以通过提供生态农业采摘发挥消遣娱乐服务的功能。另外，随着乡村旅游的兴起，乡村景观除为本村居民提供消遣娱乐服务以外,还可以吸引外来游客,所以景观的外部可达性也显得尤为重要。

基于以上说明,本章选取风景名胜面积占比、水域面积占比、居民点到景观距离和景观到主干道距离四个指标来表征消遣娱乐服务的供给潜力。其中,居民点到景观距离指居民点到各类景观的最短距离均值,反映村庄内部居民点与景观的临近性,用以表达景观的内部可达性。景观到主干道距离反映村庄以外人员接近各类景观的便利程度,用以表达景观的外部可达性。

综上,米脂县子类文化服务供给的评价指标体系如表 3-1 所示。

表 3-1　米脂县子类生态系统文化服务供给评价指标体系

文化服务	指标(单位)	指标计算及说明	指标属性	权重
美学	C_1 植被覆盖度(%)	将 NDVI 值分区统计到行政村单元	+	0.262
	C_2 人类活动强度(%)	参考徐勇等(2015)计算	−	0.048
	C_3 景观多样性指数(%)	通过 Fragstats4.2 计算	+	0.218
	C_4 景观连接度指数(%)	通过 Fragstats4.2 计算	+	0.472
教育	C_5 文化广场面积(平方米)	实地调研和电话访问获取	+	0.316
	C_6 爱国主义教育基地个数(个)	实地调研和网络资源获取	+	0.371
	C_7 退耕还林还草面积占比(%)	退耕还林还草面积/行政村总面积	+	0.313
地方感	C_8 三田面积占比(%)	三田面积之和与总耕地面积的比率	+	0.614
	C_9 地均窑洞面积(%)	窑洞总面积与行政村总面积的比率	+	0.386
社会关系	C_{10} 居民点分离度(%)	通过 Fragstats4.2 计算	−	0.134
	C_{11} 居民点到最近乡镇距离(米)	ArcGIS 邻域分析	−	0.361
	C_{12} 居民点到县城距离(米)	ArcGIS 邻域分析	−	0.505
文化遗产	C_{13} 古建古迹个数(个)	实地调研和电话访问获取	+	0.914
	C_{14} 古建古迹面积(平方米)	实地调研和电话访问获取	+	0.086

续表

文化服务	指标（单位）	指标计算及说明	指标属性	权重
消遣娱乐	C_{15} 风景名胜面积占比（%）	风景名胜面积与行政村总面积的比率	+	0.142
	C_{16} 水域面积占比（%）	水域面积与行政村总面积的比率	+	0.212
	C_{17} 居民点到景观距离（米）	居民点到各类景观的最短距离均值	−	0.427
	C_{18} 景观到主干道距离（米）	参考刘迪等（2019）计算	−	0.219

二 数据处理

本章中文化服务供给评估的数据处理主要包含四个部分：土地利用数据、NDVI 数据、DEM 数据和其他数据。

（一）土地利用数据

2000 年米脂县土地利用数据是参照 2009 年米脂县年土地利用数据，通过对 2000 年 ETM 影像数据进行监督分类和人工目视解译获取，Kappa 指数达到 0.89，满足精度要求。2018 年米脂县土地利用数据是以该年米脂县高分一号影像为数据源，在 ENVI5.1 软件下通过几何校正、影像增加处理后，结合典型地物图斑样点和 2009 年米脂县土地利用数据进行监督分类和目视解译获取，Kappa 指数达到 0.86，满足精度要求。参照土地利用分类标准（GB/T21010-2017）与研究区地类情况，将地类划分为耕地、林地、草地、居住用地、水域和未利用土地 6 类，重采样为 10 米土地利用栅格。

（二）NDVI 数据

在 ENVI5.1 软件下对 Landsat 7 ETM 影像数据和 Landsat 8 OLI_TIRS 影像数据多光谱波段进行辐射定标、大气校正，将处理后的多光谱波段与全色波段进行融合，并重采样为 10 米分辨率的影像图。之后采用植被指数计算工具对红外、近红外波段进行运算得到 NDVI 数据。最后，使用米脂县矢量边界进行裁剪获取该县的 NDVI 数据。

（三）DEM 数据

DEM 的空间分辨率为 30×30 米，重采样为 10 米 DEM 栅格，再运用 ArcGIS 10.4 提取高程和坡度。

（四）其他数据

居民点、道路及米脂县、乡镇和村庄矢量边界等地理信息辅助数据从第二次全国土地利用调查数据中提取。文化广场、寺庙景观和风景名胜的面积和位置信息整理于 2018 年和 2019 年 7—8 月实地调研的村庄整体问卷调查、手持 GPS 定位仪和 ArcMap 在线地图。

三　评估方法

（一）指标计算

1. 人类活动强度

参考徐勇等（2015）的研究，人类活动强度（Human Activity Intensity of Land Surface，HAILS）的计算公式如下：

$$HAILS = \frac{\sum_{i}^{n}(SL_i \cdot CI_i)}{S} \times 100\% \quad (3.1)$$

式中，HAILS 为陆地表层人类活动强度；S 为区域总面积；n 为土地利用类型数；SL_i 为土地利用类型 i 的面积；CI_i 为土地利用类型 i 的建设用地当量折算系数。耕地、林地、草地、水域、风景名胜用地、建设用地和未利用地的建设用地当量折算系数分别为 0.2、0、0.067、0.6、0.133、1 和 0。HAILS 值越大说明人类活动对景观的作用程度越大，景观质量就越低，反之，HAILS 值越小，则景观质量越高。

2. 居民点到景观的距离

本书居民点到景观的距离是指居民点到各类景观的最短距离均值。计算公式如下：

$$DTL = \frac{1}{n}\sum_{i=1}^{n}\left(\frac{1}{m}\sum_{j=1}^{m}D_{ji}\right) \quad (3.2)$$

式中，DTL 为各行政村居民点到景观的距离；n 为景观类型数，包括耕地、林地、草地、风景名胜、水域、文化广场 6 类景观；D_{ji} 为第 j 个居民点到第 i 类景观的最短距离，通过 ArcGIS 10.4 邻域分析计算；m 为居民点的个数。DTL 值越小，说明行政村内部居民点到景观的距离越小,可达性越高,反之,DTL值越大,可达性越差。

3. 景观到主干道的距离

参考李景刚等(2008)和刘迪等(2019)的研究,景观到主干道的距离计算公式如下:

$$Road = 1 + (d/a_i) \tag{3.3}$$

式中,d 为景观到主干道的最短距离;a_i 为距离衰减系数,表示不同景观类型对道路的依赖程度,耕地、林地、草地、居住用地、风景名胜设施用地、水域和未利用地的距离衰减系数分别为500、1、10、1000、1000、100和1。$Road$ 值越大说明景观到主干道的距离越大,行政村之间景观提供文化服务的可获取性就越小,即可达性越差,反之,$Road$ 值越小,可达性越高。

(二)熵权 TOPSIS 模型

熵权 TOPSIS 模型是对传统 TOPSIS 评价法的改进,首先通过熵权法确定指标权重,再通过 TOPSIS 评价法利用逼近理想解的技术确定评价对象的优劣排序(李平等,2020)。其中,权重的确定是重要环节,熵权法是一种基于各项指标原始观测值所提供信息量的大小来确定指标权重的方法,可有效避免层次分析法、德尔菲法等方法的主观随意性,同时可解决多指标变量间信息重叠的问题,使最终的评价结果更具客观性(王富喜等,2013)。权重的计算过程依次为:基础数据标准化、归一化、计算熵值、计算偏差度、计算权重。由于存在三个时期的研究数据,指标层各指标的权重采用三年权重的平均值。而 TOPSIS 评价法的核心是定义决策问题的最优解和最劣解的距离,进而计算各评价对象与理想解的相对贴近度,进行评价对象的优劣排序(孙涵等,2018)。本书采用熵权 TOPSIS 模型计算米脂县美学、教育、地方感、社会关系、文化遗产、消遣娱乐6类文化服务的供给指数,计算步骤如下:

(1) 基于原始数据构建判断矩阵,由 n 个评价对象的 m 个指标构成的矩阵 X:

$$X = [x_{ij}]_{n \times m}, \ i = 1, 2, 3, \cdots, n, \ j = 1, 2, 3, \cdots, m \tag{3.4}$$

(2) 标准化矩阵 X'：

$$X' = [x'_{ij}]_{n \times m}, \ i = 1, 2, 3, \cdots, n, \ j = 1, 2, 3, \cdots, m \quad (3.5)$$

其中，正向指标：$x'_{ij} = \dfrac{x_{ij} - X_{min}}{X_{max} - X_{min}}$；负向指标：$x'_{ij} = \dfrac{X_{max} - x_{ij}}{X_{max} - X_{min}}$

$$\quad (3.6)$$

(3) 归一化矩阵 Y：

$$Y = [y_{ij}]_{n \times m}, \ i = 1, 2, 3, \cdots, n, \ j = 1, 2, 3, \cdots, m \quad (3.7)$$

其中，$y_{ij} = x'_{ij} / \sum_{i=1}^{n} x'_{ij}$ \quad (3.8)

(4) 计算第 j 项指标的熵值：

$$e_j = -k \sum_{i=1}^{n} y_{ij} \ln y_{ij} \quad (3.9)$$

其中，$k = \dfrac{1}{\ln n}$ \quad (3.10)

(5) 计算第 j 项指标的偏差度：

$$d_j = 1 - e_j \quad (3.11)$$

(6) 计算第 j 项指标的权重：

$$w_j = d_j / \sum_{j=1}^{m} d_j \quad (3.12)$$

(7) 构建加权矩阵：

$$R = [r_{ij}]_{n \times m}, \ r_{ij} = w_j \cdot x'_{ij}, \ i = 1, 2, 3, \cdots, n, \ j = 1, 2, 3, \cdots, m$$

$$\quad (3.13)$$

(8) 确定第 j 项指标的最优解 S_j^+ 和最劣解 S_j^-：

$$S_j^+ = \max \{r_{1j}, r_{2j}, \cdots, r_{nj}\}, \ S_j^- = \min \{r_{1j}, r_{2j}, \cdots, r_{nj}\} \quad (3.14)$$

(9) 计算米脂县各行政村与最优解和最劣解的欧氏距离：

$$sep_i^+ = \sqrt{\sum_{j=1}^{m} (S_j^+ - r_{ij})^2}, \ sep_i^- = \sqrt{\sum_{j=1}^{m} (S_j^- - r_{ij})^2} \quad (3.15)$$

(10) 计算准则层综合评价指数：

$$C_i = \dfrac{sep_i^-}{sep_i^+ + sep_i^-}, \ C_i \in [0, 1] \quad (3.16)$$

式中，C_i 值越大表明评价对象越优。

(11) 计算文化服务供给综合水平：

$$S_i = Aest_i \cdot a + Edu_i \cdot b + SP_i \cdot c + SR_i \cdot d + Cult_i \cdot e + Recr_i \cdot f \quad (3.17)$$

式中，S_i 为第 i 个行政村的文化服务供给综合水平；$Aest_i$ 为第 i 个行政村的美学服务供给指数；Edu_i 为第 i 个行政村的教育服务供给指数；SP_i 为第 i 个行政村的地方感服务供给指数；SR_i 为第 i 个行政村的社会关系服务供给指数；$Cult_i$ 为第 i 个行政村的文化遗产服务供给指数；$Recr_i$ 为第 i 个行政村的消遣娱乐服务供给指数；a、b、c、d、e、f 为子类文化服务供给指数的权重，鉴于各子类文化服务同等重要，他们的权重均赋值为 0.167。

（三）障碍度模型

在分析米脂县 6 类文化服务供给时空格局演变的基础上，为深入探讨制约米脂县文化服务供给提高的障碍因素，本书引入障碍度模型诊断障碍因素（何艳冰等，2017；李平等，2020），通过障碍度大小确定各障碍因子对文化服务供给的影响程度。单项指标障碍度计算公式如下：

$$V_{ij} = \frac{(1 - x'_{ij}) \times w_j \times 100\%}{\sum_{j=1}^{m}[(1 - x'_{ij}) \times w_j]} \quad (3.18)$$

式中，V_{ij} 为第 i 个行政村第 j 项指标对文化服务供给的障碍度；x'_{ij} 为第 i 个行政村第 j 项指标的标准化值；$(1-x'_{ij})$ 为指标偏离度，表示单项指标与最优目标值之间的差距，即指标标准化值与 100% 之间的差值；w_j 为指标贡献度，表示第 j 项指标对文化服务供给的贡献程度，即第 j 项指标的权重。

参考王成等（2020）的研究，不同类型文化服务的障碍度计算公式如下：

$$Q = \sum_{j=1}^{m} V_{ij} \quad (3.19)$$

式中，Q 为不同类型文化服务的障碍度；V_{ij} 为第 i 个行政村第 j 项指标的障碍度；m 为不同类型文化服务的指标个数。

第二节 生态系统文化服务供给的时空演变

一 美学服务

根据公式（3.4—3.16）计算米脂县394村庄的美学服务供给，采用ArcGIS10.4的自然断点法将2000年米脂县美学服务供给划分为五个等级，分别为低供给能力（Ⅰ级：<0.301）、较低供给能力（Ⅱ级：0.302—0.408）、中等供给能力（Ⅲ级：0.409—0.524）、较高供给能力（Ⅳ级：0.525—0.638）和高供给能力（Ⅴ级：≥0.639）。为便于不同年份之间的对比，2018年美学服务供给等级划分与2000年保持一致，进而分析2000—2018年米脂县美学服务供给空间格局特征。

美学服务供给由自然程度和景观质量综合表征，统计可得，2000和2018年米脂县美学服务供给指数分别为0.438和0.444，整体上呈上升趋势，上升幅度为1.37%，美学服务供给空间异质性明显，大致呈现西北部和中部高、西南部和东部低的空间格局。研究期内，Ⅰ级的村庄在2000年占比最多为25.13%，集中分布于东南部的桃镇、姬家岔乡、杨家沟镇以及西南部的石沟镇东南，其他乡镇也有分散分布。2018年占比下降为20.56%，在高渠乡东部、杨家沟镇中部、十里铺乡东北部和石沟镇南部分布集聚，其他乡镇零散分布。Ⅱ级的村庄与Ⅰ级村庄相邻，2000年占比21.57%，在石沟镇分布较多，2018年占比上升为23.35%，在沙家店镇分布最多。Ⅲ级的村庄在2000年占比与Ⅱ级保持一致，在米脂县西北部的郭兴庄乡和龙镇以及中部的银州镇、十里铺乡分布较多。2018年占比下降为21.06%，在米脂县西北、中部和东部边缘分布较多。Ⅳ级的村庄2000年占比为20.56%，在米脂县中部川道的银州镇和十里铺乡分布较多，其余分布于研究区西北、东北、东部边缘和其余乡镇的中部或边缘。2018年占比上升为25.13%，在研究区西北边缘分布集中，在除高渠乡以外的其余村庄均有零散分布。Ⅴ级的村庄2000年占比最小为11.17%，主要在米脂县西北边缘和中部河谷地带呈条带状分布。2018年占比也最小且下降为 9.90%，在米脂县西北和北部边缘、川道地区的银州镇和十里铺乡的中部零散分布。

形成这一空间格局的主要原因为，自然程度方面，米脂县为黄土丘陵沟壑区，其西南部和东部的山地丘陵地区景观破碎，生态环境脆弱，人类对生态系统的依赖程度较高，土地利用开发程度强，人类活动强度大，降低了这些区域的自然程度，致使这些区域美学服务供给能力较低。景观质量方面，米脂县中部为川道河谷，以发展种植业为主，有蔬菜种植基地和树苗培育项目，在地势较为平坦的河沟两侧进行筑坝、梯田改造，种植小杂粮，景观异质性和景观连接度高，景观质量高，美学服务供给高。

为进一步分析米脂县 2000—2018 年美学服务供给的时空演化格局与特征，将空间变化和不同等级美学服务供给的转移矩阵表（见表3-2）相结合来说明美学服务供给的演化趋势。其中，空间变化参考刘继来等（2017）和张行等（2019）的研究，分别计算 2000 年和 2018 年米脂县两期美学服务供给能力的差值，并将差值划分为>0.05（增加）、[-0.05，0.05]（不变）和<-0.05（减少）三类。

表 3-2　　2000-2018 年米脂县美学服务供给转移矩阵

美学服务供给等级	Ⅰ	Ⅱ	Ⅲ	Ⅳ	Ⅴ	2000 年总计（个）	2000 年比例（%）
Ⅰ（个）	61	34	3	1		99	25.13
Ⅱ（个）	17	39	22	6	1	85	21.57
Ⅲ（个）	3	15	37	30		85	21.57
Ⅳ（个）		3	19	44	15	81	20.56
Ⅴ（个）		1	2	18	23	44	11.17
2018 年总计（个）	81	92	83	99	39	394	
2018 年比例（%）	20.56	23.35	21.06	25.13	9.90		100

2000—2018 年米脂县美学服务供给空间变化显著，增加、不变和减少三种类型的村庄呈现交错分布的空间格局。其中，保持不变的村

庄最多,达到将近一半,占比为49.49%,在米脂县西部分布较多。其次是增加的村庄,占比为29.44%,在米脂县东西部分布较多。减少的村庄占比最小为21.07%,在米脂县东北和中部较多。从不同等级转化来看(见表3-2),研究期间有Ⅰ-Ⅱ、Ⅰ-Ⅲ、Ⅰ-Ⅳ、Ⅱ-Ⅲ、Ⅱ-Ⅳ、Ⅱ-Ⅴ、Ⅲ-Ⅳ、Ⅳ-Ⅴ 8类等级上升转移类型,和Ⅱ-Ⅰ、Ⅲ-Ⅰ、Ⅲ-Ⅱ、Ⅳ-Ⅱ、Ⅳ-Ⅲ、Ⅴ-Ⅱ、Ⅴ-Ⅲ、Ⅴ-Ⅳ 8类等级下降转移类型。经统计可得,由低等级向高等级转化的村庄有112个,占研究单元总个数的28.43%,而由高等级向低等级转化的村庄个数有78个,占研究单元总个数的19.80%,说明美学服务供给在局部区域有所下降,整体向好的方向发展。

这可以解释为,2000—2018年期间随着退耕还林政策的逐步推进,米脂县美学服务供给整体上变化较大。其中,供给增加的村庄多位于米脂县东西部的山地丘陵地区,该区域在退耕还林过程中,植被覆盖度不断提高,景观异质性增强,与此同时,退耕还林造成了剩余劳动力外流,人类活动强度减少,最终使得美学服务供给能力增强。而供给减少的村庄多位于米脂县东北部受风蚀和水蚀共同影响的梁峁丘陵区以及中部的川道区,东北部自然环境恶劣,水土流失严重,短时间内很难实现生态恢复,而受城镇化和退耕还林剩余劳动力外流的影响,中部川道的城镇地区人口增多,人类活动加强致使美学服务供给减少。

二 教育服务

采用与美学服务供给等级划分的方法,将米脂县教育服务供给划分为五个等级,分别为低供给能力(Ⅰ级:<0.172)、较低供给能力(Ⅱ级:0.173—0.240)、中等供给能力(Ⅲ级:0.241—0.286)、较高供给能力(Ⅳ级:0.287—0.376)和高供给能力(Ⅴ级:≥0.377)。

教育服务供给由传统文化教育、爱国主义教育和生态保护教育综合表征,统计可得,2000和2018年米脂县教育服务供给指数分别为0.267和0.276,整体上呈上升趋势,上升幅度为3.37%。教育服务供给空间异质性明显,2000年大致呈现西北和东北部高、中部河谷地区和东南部低的空间格局,2018年整体呈现中西部高、东部边缘地低的空间格局。研究期内，Ⅰ级的村庄在2000年占比较少为6.34%，主要零散地分布于中部的银州镇和十里铺乡以及北部和东部边缘。2018年占比下降为3.55%，分布在龙镇、郭兴庄、银州镇、十里铺乡、李站乡、沙家店镇、桥河岔乡和印斗镇的个别村庄。Ⅱ级的村庄在2000年占比为19.80%，在米脂县中西部呈"H"形分布。2018年占比下降为18.53%，在中部的银州镇和桥河岔乡、西北的郭兴庄乡分布较多，在东部呈西北—东南走向呈条带状分布。Ⅲ级的村庄在2000年占比最多为39.85%，除高渠乡以外，在其他乡镇都有大面积分布。2018年也占比最多为36.80%，在东北部、中部的银州镇和东南部分布较为集聚。Ⅳ级的村庄在2000年占比较多为30.46%，在东北和西北部分布较东南部集中。2018年占比上升为36.55%，在中西部集聚分布。Ⅴ级的村庄在2000年占比最少为3.55%，在中部无定河沿岸呈条带状分布，在其他乡镇零散分布。2018年占比上升为4.57%，零星分布于中部和北部的各乡镇，在西部的石沟镇和东部的一些乡镇没有分布。

形成这一空间格局的主要原因，爱国主义教育基地在空间上分布不均衡，米脂县仅有2.54%的村庄拥有这一资源，它们分别是杨家沟镇杨家沟村的杨家沟革命旧址和转战陕北纪念馆、岳家岔村的马明方故居，沙家店镇沙家店村的沙家店战役遗址和沙家店粮站，姬家岔乡黑圪塔村的中共米东县委旧址和郭洪涛旧居，银州镇湍卧梁村的刘澜涛故居，桥河岔乡吕家硷村的杜隶明故居，印斗镇红崖洼村的杜岚故居，石沟镇石沟村的杜斌丞纪念馆，桃镇桃镇村的李鼎铭故居，高渠乡高西沟村的高西沟党建展室。这些爱国主义教育基地的存在使得这些村庄爱国主义教育服务供给高于其余村庄成为米脂县教育服务供给的高值区。

教育服务供给时空演化格局与特征的分析方法与美学服务一致，结果如表3-3所示。从空间格局变化来看，2000—2018年米脂县教育服务供给空间变化显著，保持不变的占比最多为70.31%，在各乡镇都有大面积分布。其次是增加的村庄，占比为18.27%，在米脂县北部边缘有分布，在东西部呈"V"形分布。减少的村庄占比最小为

11.42%，在西北和东北部地区分布较多，东南部也有零散分布。从不同等级转化来看（见表3-3），研究期间有Ⅰ-Ⅱ、Ⅰ-Ⅲ、Ⅰ-Ⅳ、Ⅱ-Ⅲ、Ⅱ-Ⅳ、Ⅲ-Ⅳ、Ⅲ-Ⅴ、Ⅳ-Ⅴ 8类等级上升转移类型，和Ⅱ-Ⅰ、Ⅲ-Ⅰ、Ⅲ-Ⅱ、Ⅳ-Ⅰ、Ⅳ-Ⅱ、Ⅳ-Ⅲ、Ⅴ-Ⅰ、Ⅴ-Ⅳ 8类等级下降转移类型。经统计可得，由低等级向高等级转化的村庄有141个，占研究单元总个数的35.79%，而由高等级向低等级转化的村庄个数有91个，占研究单元总个数的23.10%，说明教育服务供给在局部区域有所下降，整体向好的方向发展。

这可以解释为，爱国主义教育基地空间分布较为固定，米脂县教育服务供给主要受传统文化和生态保护教育供给的变化而发生变化。有93.15%的村庄退耕还林还草面积增加，由于增加幅度的不同，增加幅度较大的村庄的生态保护教育服务供给潜力增加明显。传统戏台随着功能的转变成为如今的文化广场，在美丽乡村建设的背景下经过修建、扩大，使得一些村庄的传统文化教育意义供给潜力增大，与此同时，也有一些村庄因人口流失导致文化广场破旧、衰败而导致教育服务供给潜力降低。

表3-3　　2000—2018年米脂县教育服务供给转移矩阵

教育服务供给等级	Ⅰ	Ⅱ	Ⅲ	Ⅳ	Ⅴ	2000年总计（个）	2000年比例
Ⅰ（个）	7	8	5	5		25	6.34%
Ⅱ（个）	3	22	39	14		78	19.80%
Ⅲ（个）	1	30	61	64	1	157	39.85%
Ⅳ（个）	2	13	40	60	5	120	30.46%
Ⅴ（个）	1		1		12	14	3.55%
2018年总计（个）	14	73	145	144	18		
2018年比例	3.55%	18.53%	36.80%	36.55%	4.57%		100%

三　地方感服务

采用与美学服务供给等级划分一致的方法，将米脂县地方感服务供给划分为五个等级，分别为低供给能力（Ⅰ级：<0.249）、较低供

给能力（Ⅱ级：0.250—0.331）、中等供给能力（Ⅲ级：0.332—0.407）、较高供给能力（Ⅳ级：0.408—0.500）和高供给能力（Ⅴ级：≥0.501）。

地方感服务供给由"三田"和窑洞两种寄托当地居民情感的主要要素综合表征，统计可得，2000和2018年米脂县地方感服务供给指数分别为0.362和0.398，整体上呈上升趋势，上升幅度为9.94%。地方感服务供给空间异质性明显，2000年大致呈现中部河谷及向东深切沟谷地区、北部和东部边缘地区较高，西部外围和东部内侧各乡镇较低的空间格局，2018年整体呈现西北和东部高、西南低的空间格局。研究期内，Ⅰ级的村庄在2000年占比较少为11.17%，主要分布于各乡镇的外围和十里铺乡的中南部。2018年占比减少为8.37%，在中西部和东北部部分乡镇有零散分布，东南部的杨家沟镇、姬家岔乡、桃镇和北部的沙家店镇不存在该等级的村庄。Ⅱ级的村庄在2000年占比为25.63%，在各乡镇的边缘均有连续分布。2018年占比下降为13.20%，西部分布多于东部。Ⅲ级的村庄在2000年占比最多为34.52%，在各乡镇具有集中分布。2018年占比下降为29.19%，在中西部分布较多，在东部边缘也有较少的分布。Ⅳ级的村庄在2000年占比为21.57%，呈西北—东南走向的"开"字形分布于米脂县中东部。2018年占比最多为32.49%，主要在米脂县东南部集聚分布。Ⅴ级的村庄在2000年占比最少为7.11%，在米脂县中部呈南北走向零星分布。2018年占比上升为16.75%，这一等级的村庄在东部各乡镇有所增加。

形成这一空间格局的主要原因为，川道及东西深切沟谷地区由于相对平坦的地形和丰富的水资源，人民赖以生存的耕地资源丰富，高质量的坝地、水浇地占比较大，是全县粮食的主产区，为寄托人们对耕地的感情提供了要素来源。2020年后，米脂县大力发展山地苹果产业，梯田得到了充分利用，如我们实地调研发现，为了提高收入，在梯田上种植山地苹果、大扁杏等经济林的同时，农民又在果树间套种了当地特色小杂粮（绿豆、黑豆、红小豆等），这使得米脂县东西两侧山地丘陵地区的梯田得到了修缮、保护和利用，提高了地方感服务的供给潜力。典型的如东部的沙家店镇，狠抓山地苹果示范园建设，实现了人均一亩的目标。

地方感服务供给时空演化格局与特征的分析方法与美学服务一致，结果如表3-4所示。从空间格局变化来看，2000—2018年米脂县地方感服务供给空间变化显著，增加的村庄占比最多为46.70%，在米脂县西北、东北和东南有集中连片的分布，在中部有呈东西走向的条带状分布。其次是保持不变的占比较多为32.99%，在米脂县整个中部的各乡镇也分布集中。减少的村庄占比最小为20.31%，在米脂县中部的河谷地区分布较为集中，在县域外围和东西的乡镇也有零散分布。从不同等级转化来看（见表3-4），研究期间有Ⅰ-Ⅱ、Ⅰ-Ⅲ、Ⅰ-Ⅳ、Ⅰ-Ⅴ、Ⅱ-Ⅲ、Ⅱ-Ⅳ、Ⅱ-Ⅴ、Ⅲ-Ⅳ、Ⅲ-Ⅴ、Ⅳ-Ⅴ 10类等级上升转移类型，和Ⅱ-Ⅰ、Ⅲ-Ⅰ、Ⅲ-Ⅱ、Ⅳ-Ⅰ、Ⅳ-Ⅱ、Ⅳ-Ⅲ、Ⅴ-Ⅰ、Ⅴ-Ⅱ、Ⅴ-Ⅲ、Ⅴ-Ⅳ 10类等级下降转移类型。经统计可得，由低等级向高等级转化的村庄有199个，占研究单元总个数的一半以上，为50.51%，而由高等级向低等级转化的村庄个数有86个，占研究单元总个数的21.83%，说明地方感服务供给在局部区域有所下降，整体有好转的趋势。

这可以解释为，米脂县中部川道地区地方感服务供给减少可能是由于城镇化进程中建设用地的增加使得三田面积相应地减少所致，而县域周围或个别乡镇边缘的村庄地方感服务供给减少则由于乡村衰败过程中耕地撂荒、窑洞闲置或破旧所致。米脂县东西两侧村庄地方感服务供给增加是由于退耕还林和山地苹果政策使得梯田等耕地资源得以充分利用，进而稳固了人们寄托情感的物质要素。

表3-4　　2000—2018年米脂县地方感服务供给转移矩阵

地方感服务供给等级	Ⅰ	Ⅱ	Ⅲ	Ⅳ	Ⅴ	2000年总计	2000年比例
Ⅰ（个）	9	7	14	11	3	44	11.17%
Ⅱ（个）	9	16	36	30	10	101	25.63%
Ⅲ（个）	10	18	39	44	25	136	34.52%
Ⅳ（个）	2	8	20	36	19	85	21.57%

续表

地方感服务供给等级	I	II	III	IV	V	2000年总计	2000年比例
V（个）	3	3	6	7	9	28	7.11%
2018年总计（个）	33	52	115	128	66	394	
2018年比例	8.37%	13.20%	29.19%	32.49%	16.75%		100%

四 社会关系服务

采用与美学服务供给等级划分一致的方法，将米脂县社会关系服务供给划分为五个等级，分别为低供给能力（I级：<0.486）、较低供给能力（II级：0.487—0.592）、中等供给能力（III级：0.593—0.697）、较高供给能力（IV级：0.698—0.806）和高供给能力（V级：≥0.807）。

社会关系服务供给由内生型和外缘型社会关系综合表征，统计可得，2000和2018年米脂县社会关系服务供给指数分别为0.633和0.600，整体上呈下降趋势，下降幅度为5.21%。社会关系服务供给空间异质性明显，整体呈现由中部河谷的银州镇和十里铺乡向外围乡镇呈圈层式递减的空间格局。研究期内，I级的村庄在2000年占比较少为15.23%，分布于米脂县东西部和北部的外围地区。2018年占比上升为23.35%，依然分布于米脂县东西部和北部的外围地区，较2000年有向内侧扩展的趋势。II级的村庄在2000年占比最多为28.93%，分布于I级村庄内侧。2018年占比也最多为26.65%，空间分布上依然在I级村庄内侧分布较多。III级的村庄在2000年占比较多为22.34%，分布于II级村庄内侧。2018年占比与I级村庄相同为23.35%，在II级村庄内侧分布较多，在IV级和V级村庄之间如桥河岔乡东部也有分布。IV级的村庄在2000年占比为21.32%，主要分布于III级村庄的内侧，包含高渠乡、桥河岔乡、石沟镇的大部分村庄。2018年占比下降为15.23%，依然分布于III级村庄的内侧，但高渠乡、桥河岔乡、石沟镇的面积有所收缩，南部十里铺乡的面积有所扩张。V级的村庄在2000年占比最少为12.18%，主要位于米脂县中部核心的银州镇和十里铺乡。2018年占比也最少为11.42%，空间上有向西向北转移的趋势，在东部也出现了两个高值区。总体来说，社会关系服务供给在空间上呈现出距离衰减规律，距离县域中心越远，社会关系服务供给潜力越低。

形成这一空间格局的主要原因为，米脂县周边属于山地丘陵地带，地形起伏度大，居民点分离度大，不利于以邻里关系为主的内生型社会关系服务的发挥，加之交通不便，距离乡镇和县城的距离较远，外缘型社会关系服务也难以发挥作用。相反，中部川道地区，居民点集中，居民点分离度较小，且交通便利，距离乡镇和县城的距离较近，内生型和外缘型社会关系服务能够同时发挥作用，因此，形成了社会关系服务供给的高值集聚区。

社会关系服务供给时空演化格局与特征的分析方法与美学服务一致，结果如表3-5所示。从空间格局变化来看，2000—2018年米脂县社会关系服务供给空间变化显著，减少的村庄占比最多为51.02%，主要位于各乡镇的边缘地区。其次是增加的占比较多为30.71%，主要为位于省道、乡道等交通干道沿线的村庄。保持不变的占比最小为18.27%，分布于各乡镇的中心位置。从不同等级转化来看（表3-5），研究期间有Ⅰ-Ⅱ、Ⅰ-Ⅲ、Ⅱ-Ⅲ、Ⅱ-Ⅳ、Ⅱ-Ⅴ、Ⅲ-Ⅳ、Ⅲ-Ⅴ、Ⅳ-Ⅴ8类等级上升转移类型，和Ⅱ-Ⅰ、Ⅲ-Ⅰ、Ⅲ-Ⅱ、Ⅳ-Ⅱ、Ⅳ-Ⅲ、Ⅴ-Ⅰ、Ⅴ-Ⅲ、Ⅴ-Ⅳ8类等级下降转移类型。经统计可得，由低等级向高等级转化的村庄有81个，占研究单元总个数的20.56%，而由高等级向低等级转化的村庄个数有159个，占研究单元总个数的40.35%，说明社会关系服务供给在局部区域有所上升，整体呈现下降的趋势。

表3-5　　2000—2018年米脂县社会关系服务供给转移矩阵

社会关系服务供给等级	Ⅰ	Ⅱ	Ⅲ	Ⅳ	Ⅴ	2000年总计（个）	2000年比例（%）
Ⅰ（个）	32	26	2			60	15.23
Ⅱ（个）	58	38	16	1	1	114	28.93

续表

社会关系服务供给等级	I	II	III	IV	V	2000年总计（个）	2000年比例（%）
III（个）	1	37	37	9	4	88	22.34
IV（个）		4	29	29	22	84	21.32
V（个）	1		8	21	18	48	12.18
2018年总计（个）	92	105	92	60	45	394	
2018年比例（%）	23.35	26.65	23.35	15.23	11.42		100

究其原因，社会关系服务供给增加的村庄多分布于交通沿线，十三五期间，米脂县新建通村公路228.35公里，2020年全县农村公路总里程达1128.49公里。空间上，中部川道为中心城镇的分布区域，经济基础好，各级道路设施建设较为完善，神延铁路、榆商高速和210国道由北向南横穿米脂县中部，因此中部地区联系方便，社会关系服务供给高。随着经济的发展，各乡镇的路网建设也逐渐完善，如县级道路佳米路呈东北—西南走向穿过东部的桥河岔镇和印斗镇，米子路和镇清路分别穿过银州镇西南和李站乡西北边缘，张枣路呈东西走向横穿桥河岔东部和桃镇中部，镇党路穿越郭兴庄乡和龙镇北部边缘。这些交通沿线的村庄由于交通便利程度提高，与乡镇和县城的联系变得紧密，社会关系服务供给潜力提升。而社会关系服务供给减少的村庄由于位于各乡镇边缘，距离乡镇的距离较远，社会关系服务供给较低。

五 文化遗产服务

采用与美学服务供给等级划分一致的方法，将米脂县文化遗产服务供给划分为五个等级，分别为低供给能力（I级：0.000）、较低供给能力（II级：0.001—0.199）、中等供给能力（III级：0.200—0.397）、较高供给能力（IV级：0.398—0.603）和高供给能力（V级：≥0.604）。

文化遗产服务供给由古建古迹个数和面积综合表征，统计可得，2000和2018年米脂县文化遗产服务供给指数分别为0.298和0.299，整体上呈上升趋势，上升幅度较小为0.34%。文化遗产服务供给空间异质性明显，整体上呈现不同等级村庄交错分布的空间格局。研究期内，Ⅰ级的村庄在2000年占比为13.45%，大部分分布于各乡镇的外围，在北部的李站乡没有该等级村庄的分布。2018年占比与2000年相同，有96.23%的村庄保持这一等级。Ⅱ级的村庄在2000年占比最多为42.64%，在每个乡镇都有大斑块分布。2018年不存在这一等级的村庄，有98.81%的村庄上升为Ⅲ级，有2个村庄分别下降为Ⅰ级和上升为Ⅴ级。Ⅲ级的村庄在2000年占比较多为30.46%，在各乡镇Ⅱ级村庄的周围分布。2018年也占比最多且上升为56.85%，在各乡镇有大斑块分布。Ⅳ级的村庄在2000年占比较少为8.63%，在大部分乡镇有零星分布，在东南的杨家沟镇和姬家岔乡不存在。2018年占比上升为25.38%，在各乡镇均有连续或分散的分布。Ⅴ级的村庄在2000年占比最少为4.82%，在各乡镇零散分布。2018年占比也较少且下降为4.32%，有42.11%的村庄保持这一等级，分别有42.11%和15.78%的村庄下降为Ⅳ级和Ⅲ级。

形成这一空间格局的主要原因为，除大部分的村庄拥有寺庙景观以外，石窟、窑洞庄园、古代遗址等古建古迹在空间上分布不均衡，一些拥有这些资源的村庄的文化遗产服务供给出现了高值区。它们分别是拥有杜氏、马氏、姜氏和常氏四大窑洞庄园的镇子湾村、杨家沟村、刘家峁村和高庙山村，拥有永乐城遗址、古代大寺院遗址和天王塔的马湖峪村和天王塔村，拥有李自成行宫和窑洞古城的北街村，拥有毘芦寺石窟、木头则河石窟和万佛洞石窟的高庄村、木头则沟村和王沙沟村，拥有东汉墓葬群的官庄村等。另一些高值村庄则是由于寺庙景观保存好，如石沟镇的庙塌村有龙王庙、老爷庙、三皇庙和大神庙四座寺庙，寺庙景观成为文化遗产服务供给来源之一。

文化遗产服务供给时空演化格局与特征的分析方法与美学服务一致，结果如表3-6所示。从空间格局变化来看，2000—2018年米脂县文化遗产服务供给空间变化显著，保持不变的村庄占比最多为56.35%，在各乡镇均有大斑块。其次是减少的村庄占比为22.08%，为各乡镇的边缘村庄。增加的村庄占比最少为21.57%，分布于各乡镇的边缘或中部。从不同等级转化来看（见表3-6），研究期间有Ⅰ-Ⅲ、

Ⅰ-Ⅳ、Ⅱ-Ⅲ、Ⅱ-Ⅴ、Ⅲ-Ⅳ、Ⅴ-Ⅳ 6 类等级上升转移类型，和 Ⅱ-Ⅰ、Ⅲ-Ⅰ、Ⅳ-Ⅲ、Ⅴ-Ⅲ、Ⅴ-Ⅳ 5 类等级下降转移类型。经统计可得，由低等级向高等级转化的村庄有 251 个，占研究单元总个数的 63.71%，而由高等级向低等级转化的村庄个数有 22 个，占研究单元总个数的 5.58%，说明文化遗产服务供给在局部区域有所下降，整体呈现上升的趋势。

表 3-6　　2000-2018 年米脂县文化遗产服务供给转移矩阵

文化遗产服务供给等级	Ⅰ	Ⅱ	Ⅲ	Ⅳ	Ⅴ	2000 年总计（个）	2000 年比例（%）
Ⅰ（个）	51		1	1		53	13.45
Ⅱ（个）	1		166		1	168	42.64
Ⅲ（个）	1		45	74		120	30.46
Ⅳ（个）			9	17	8	34	8.63
Ⅴ（个）			3	8	8	19	4.82
2018 年总计（个）	53	0	224	100	17	394	
2018 年比例（%）	13.45	0.00	56.85	25.38	4.32		100

究其原因，部分村庄的文化遗产服务供给减少，一方面由于古建古迹因没有得到开发而逐渐萎缩，如实地调研发现马湖峪村的永乐城遗址就没有得到开发，现今已经没有明确的地理边界范围，甚至只剩下了历史传说。另一方面由于社会主义核心价值观的引领，寺庙的功能发生转变，但研究区寺庙景观普遍，并不是所有的寺庙都被列入了文化遗产的保护清单，一些寺庙景观因不再被使用，长久失修或被雨水冲坏逐渐废弃。部分村庄的文化遗产服务供给增加可能由于虽然寺庙已经不再用来祭祀鬼神等，但寺庙景观的其他作用被传承，如举办庙会活动，实地调研发现，一些村庄的村民会自发集资修缮寺庙，保护寺庙景观的完好。如郭兴庄镇田家沟村的玉皇庙已经被翻修三四次，村民根据经济状况自愿出资 300—500 元，再如印斗镇的马家铺村的龙王庙修缮过程中，村民根据自身情况投入人力或财力。

六 消遣娱乐服务

采用与美学服务供给等级划分一致的方法,将米脂县消遣娱乐服务供给划分为五个等级,分别为低供给能力(Ⅰ级:<0.361)、较低供给能力(Ⅱ级:0.362~0.486)、中等供给能力(Ⅲ级:0.487—0.562)、较高供给能力(Ⅳ级:0.563—0.630)和高供给能力(Ⅴ级:≥0.631)。

消遣娱乐服务供给由景观的面积占比和景观可达性综合表征,统计可得,2000和2018年米脂县消遣娱乐服务供给指数分别为0.532和0.543,整体上呈上升趋势,上升幅度较小为2.07%。消遣娱乐服务供给空间异质性明显,2000年大致呈现中西部高东部低的空间格局,2018年整体呈现西部、北部和中部高、南部和东南部低的空间格局。研究期内,Ⅰ级的村庄在2000年占比较小为8.88%,在米脂县东南的姬家岔乡和桃镇集聚分布,在李站乡的北部边缘也有分布,在研究区中西部无分布。2018年占比下降为5.33%,零散地分布于米脂县外围。Ⅱ级的村庄在2000年占比为13.20%,在李站乡北部和米脂县东南部的杨家沟镇和姬家岔乡有集聚分布。2018年占比上升为16.75%,分布于米脂县南北部,在中部无分布,南部较北部分布集中。Ⅲ级的村庄在2000年占比较高为32.74%,在米脂县西南部的石沟镇、东北部的沙家店镇、高渠乡和印斗镇分布集聚。2018年占比下降为27.16%,分布于各乡镇的外围。Ⅳ级的村庄在2000年占比最多为38.58%,集中分布于米脂县西北部、中部川道的银州镇和十里铺乡以及东北部沙家店镇和印斗镇的交界处。2018年占比也最大且上升为39.85%,在西北的郭兴庄乡、西南的石沟镇、中部的银州镇、东部的高渠乡、印斗镇和沙家店镇集聚分布。Ⅴ级的村庄在2000年占比最少为6.60%,主要分布于米脂县中部川道地区地势低平的村庄,在整个东部和西南的石沟镇无分部。2018年占比上升为10.91%,在米脂县西北边缘有所增加,在东北的乡镇也有了零星分布,在西南和东南部依然无分布。

形成这一空间格局的主要原因为,米脂县北部和东南的山地丘陵地区,居民点分布零散,各类景观距离居民点和道路的距离也较远,如梯田多分布于山地缓坡，草地多种植在弃耕坡地，森林位于高山远山，因此，这些区域的景观内部临近性和外部可达性均较低，不利于消遣娱乐服务的发挥。中部川道地区居民点集中、道路密集，景观的内部临近性和外部可达性均较高，有利于消遣娱乐服务发挥作用。与此同时，随着乡村旅游的兴起，米脂县个别村庄也借助自身的资源优势大力推进乡村旅游产业的发展，致使其消遣娱乐服务供给提高，如高渠乡的高西沟村利用其水土治理独特的历史文化底蕴发展农业生态旅游，成为水土保持生态环境建设的一面旗帜，并被授予"全国农业生态旅游示范村"的荣誉称号。

消遣娱乐服务供给时空演化格局与特征的分析方法与美学服务一致，结果如表3-7所示。从空间格局变化来看，2000—2018年米脂县消遣娱乐服务供给空间变化显著，保持不变的村庄占比最多为44.92%，在西北的郭兴庄乡、西南的石沟镇和北部的沙家店镇分布最为集中，在中部的银州镇、高渠乡和桥河岔乡也有分布。其次是增加的村庄占比为33.51%，在米脂县东南部集中连片分布。减少的村庄占比最少为21.57%，在西北的龙镇、中部的银州镇和十里铺乡有大斑块分布，在东北边缘也有较少的分布。从不同等级转化来看（表3-7），研究期间有Ⅰ-Ⅱ、Ⅰ-Ⅲ、Ⅰ-Ⅳ、Ⅱ-Ⅲ、Ⅱ-Ⅳ、Ⅱ-Ⅴ、Ⅲ-Ⅳ、Ⅲ-Ⅴ、Ⅳ-Ⅴ 9类等级上升转移类型，和Ⅱ-Ⅰ、Ⅲ-Ⅰ、Ⅲ-Ⅱ、Ⅳ-Ⅰ、Ⅳ-Ⅱ、Ⅳ-Ⅲ、Ⅴ-Ⅲ、Ⅴ-Ⅳ 8类等级下降转移类型。经统计可得，由低等级向高等级转化的村庄有160个，占研究单元总个数的40.61%，而由高等级向低等级转化的村庄个数有101个，占研究单元总个数的25.63%，说明消遣娱乐服务供给在局部区域有所下降，整体呈现上升的趋势。

表3-7　　2000-2018年米脂县消遣娱乐服务供给转移矩阵

消遣娱乐服务供给等级	Ⅰ	Ⅱ	Ⅲ	Ⅳ	Ⅴ	2000年总计（个）	2000年比例（%）
Ⅰ（个）	4	19	10	2		35	8.88
Ⅱ（个）	7	13	19	11	2	52	13.20

续表

消遣娱乐服务供给等级	Ⅰ	Ⅱ	Ⅲ	Ⅳ	Ⅴ	2000年总计（个）	2000年比例（%）
Ⅲ（个）	5	11	36	73	4	129	32.74
Ⅳ（个）	5	23	41	63	20	152	38.58
Ⅴ（个）			1	8	17	26	6.60
2018年总计（个）	21	66	107	157	43	394	
2018年比例（%）	5.33	16.75	27.16	39.85	10.91		100

究其原因，米脂县消遣娱乐服务供给的增加得益于基础设施的完善，自2004年国家一个系统工程"村村通"实施以来，全国范围的村庄基础设施都得到了改善，米脂县也不例外，尤其是米脂县实施退耕还林政策期间，在外围丘陵区种植优质山地苹果等经济林，为加快特色林果基地的建设，通过村道硬化工程，完善乡道等具体措施完善基础设施，这在提高外围区域道路密度的同时也提高了当地景观的内部临近性和外部可达性。"十三五"时期，米脂县补齐短板，又在东西两侧的沟谷地区建设县级道路佳米路、张枣路和乡级道路林石路、石崔路、河林路、高鲍路等，提高了东西两侧的可达性水平。消遣娱乐服务供给减少的村庄位于县域边缘或乡镇边缘，可能是因为乡村衰败过程中人口流失导致的景观衰败使得景观的内部临近性降低所致。

七　供给综合水平

文化服务供给综合水平由6类文化服务供给等权重叠加表征。采用与美学服务供给等级划分一致的方法，将米脂县文化服务供给综合水平划分为五个等级，分别为低供给能力（Ⅰ级：<0.362）、较低供给能力（Ⅱ级：0.363—0.405）、中等供给能力（Ⅲ级：0.406—0.451）、较高供给能力（Ⅳ级：0.452—0.509）和高供给能力（Ⅴ级：≥0.510）。

统计可得，2000和2018年米脂县文化服务供给综合水平分别为0.421和0.427，整体上呈上升趋势，上升幅度较小为1.29%。文化服务供给综合水平空间异质性明显，2000年大致呈现中西部高东南部低的空间格局，2018年整体呈现中心高外围低的空间格局。研究期内，Ⅰ级的村庄在2000年占比较小为15.23%，在米脂县的东部边缘呈西北—东南走向，尤其在东南部分布集中，在西北部也有零散分布。2018年占比下降为9.14%，主要为米脂县外围及其外围乡镇的边缘村庄。Ⅱ级的村庄在2000年占比较多为25.89%，在米脂县东部分布集中于西部，在中部河谷地带分布较少。2018年占比基本不变为25.38%，位于米脂县东西部村庄的边缘地区。Ⅲ级的村庄在2000年占比最高为32.74%，在米脂县西部的郭兴庄乡、龙镇和石沟镇分布集聚。2018年占比下降为27.16%，在米脂县东南和西南的乡镇分布集中，在其他乡镇分布也较多。Ⅳ级的村庄在2000年占比为18.53%，在米脂县中部乡镇的外围地区有所分布。2018年占比上升为32.99%，在中部的银州镇和向东延伸的沟谷地区分布集中，在其他乡镇均有较少的分布。Ⅴ级的村庄在2000年占比最少为7.61%，在银州镇的中部呈大斑块分布，在其他乡镇有个别村庄。2018年占比下降为5.33%，在中部的银州镇、十里铺乡和西部的沙家店镇、高渠乡、桥河岔乡、杨家沟镇以及西部的龙镇有极个别分布。

米脂县文化服务供给综合水平受到子类文化服务供给高低的影响。2000—2018年，整体上都是高值区集中在中部川道地区，低值区在外围地区，但低值区有减少的趋势。供给综合水平低值区在米脂县东南部和外围地区，东南部的美学和消遣娱乐服务的供给都低，而外围地区美学、教育、社会关系、文化遗产和消遣娱乐服务的供给都较低。高值区在中部川道地区分布较多，美学、地方感、社会关系和消遣娱乐服务供给在这一地区都较高。由于消遣娱乐和地方感服务供给的提高，东部地区供给综合水平低值区减少。

供给综合水平时空演化格局与特征的分析方法与美学服务一致，结果如表3-8所示。从空间格局变化来看，2000—2018年米脂县供给综合水平空间变化显著，保持不变的村庄占比最多为43.40%，在西北的龙镇和西南的石沟镇分布集中，在东部各乡镇的边缘分布也较多。其次是增加的村庄占比为34.52%，在米脂县东西两侧的山地丘陵地区分布较为集中，东部分布多于西部。减少的村庄占比最少为

22.08%，主要位于中部的川道地区和米脂县外围乡镇的边缘地区。从不同等级转化来看（表3-8），研究期间有Ⅰ-Ⅱ、Ⅰ-Ⅲ、Ⅱ-Ⅲ、Ⅱ-Ⅳ、Ⅱ-Ⅴ、Ⅲ-Ⅳ、Ⅳ-Ⅴ 7类等级上升转移类型，和Ⅱ-Ⅰ、Ⅲ-Ⅰ、Ⅲ-Ⅱ、Ⅳ-Ⅱ、Ⅳ-Ⅲ、Ⅴ-Ⅲ、Ⅴ-Ⅳ 7类等级下降转移类型。经统计可得，由低等级向高等级转化的村庄有149个，占研究单元总个数的37.82%，而由高等级向低等级转化的村庄个数有70个，占研究单元总个数的17.77%，说明文化服务供给综合水平在局部区域有所下降，整体呈现上升的趋势。这是由于，整体上除了社会关系服务供给等级下降的村庄占比较多以外，其余类型的文化服务供给均是等级上升的村庄占比较多。

表3-8　　2000—2018年米脂县供给综合水平转移矩阵

供给综合水平等级	Ⅰ	Ⅱ	Ⅲ	Ⅳ	Ⅴ	2000年总计	2000年比例（%）
Ⅰ（个）	24	29	7			60	15.23
Ⅱ（个）	10	40	40	11	1	102	25.89
Ⅲ（个）	2	24	50	53		129	32.74
Ⅳ（个）		7	9	49	8	73	18.53
Ⅴ（个）			1	17	12	30	7.61
2018年总计（个）	36	100	107	130	21	394	
2018年比例（%）	9.14	25.38	27.16	32.99	5.33		100

第三节　生态系统文化服务供给的影响因素

米脂县文化服务供给受到多种因素的相互制约，本书运用障碍度模型识别影响米脂县文化服务供给的障碍因素，从指标层和不同服务类型分别判断其主要障碍因素，并根据各行政村各指标的障碍度排序划分不同的障碍类型，以期揭示米脂县文化服务供给的影响因素及其空间差异。

一 生态系统文化服务供给的障碍因子

根据公式（3.18）计算各项指标的障碍度，将障碍度≥5%的指标作为划分影响因素的标准（薛静静等，2014），米脂县文化服务供给的主要障碍因素如表3-9所示。

表3-9   2000-2018年米脂县文化服务供给主要障碍因子

年份	类别	障碍度排序								
		1	2	3	4	5	6	7	8	9
2000	障碍因子	C_{13}	C_6	C_9	C_8	C_5	C_4	C_{12}	C_{16}	C_1
	障碍度（%）	17.47	10.15	9.70	9.35	8.37	6.15	6.10	5.72	5.15
2018	障碍因子	C_{13}	C_9	C_6	C_5	C_8	C_4	C_{12}	C_{16}	
	障碍度（%）	17.40	10.12	10.05	8.21	8.11	6.49	6.07	5.64	

对于文化服务供给来说，指标障碍度越高说明指标因子对该时期文化服务供给阻碍越大，这一系列障碍因子就成为该时期文化服务供给的主要影响因素。如表3-9所示，根据指标因子障碍度从大到小排序，两个时期文化服务供给的公共障碍因子为古建古迹个数（C_{13}）、爱国主义教育基地个数（C_6）、地均窑洞面积（C_9）、三田面积占比（C_8）、文化广场面积（C_5）、景观连接度指数（C_4）、居民点到县城距离（C_{12}）、水域面积占比（C_{16}），总体反映了文化遗产保护和教育服务基础设施、生态系统数量和质量、可达性对于米脂县文化服务供给的主导影响。

这一结果有以下几点原因。①文化遗产保护和教育服务基础设施方面主要受村庄拥有的古建古迹、爱国主义教育基地个数和文化广场面积的影响，这些资源在地域空间上差异较大，很多村庄这些资源的缺乏使得这些指标成为制约研究区文化服务供给整体水平的因素，这与实际情况相符合。②生态系统数量和质量方面，米脂县属于中温带半干旱性气候的黄土丘陵沟壑区，研究初期，高质量的农田和大面积的水域匮乏以及景观破碎导致的景观连接度低是其固有属性。研究后期虽然经过了一系列的生态恢复措施，三田面积有所增加，但由于人口流失引发的"空心化"导致耕地撂荒现象严重、景观破败，使得三田面积占比和景观连接度指数一直是米脂县文化服务供给的制约因素。研究期间，尽管水域面积虽有所增加但由于研究区本身的自然本底条件，水域面积占比也一直成为文化服务供给的制约因素。③可达性方面，尽管米脂县非常重视乡村道路建设，村庄平均道路密度从 2000 年的 2.44 公里/平方公里上升为 5.11 公里/平方公里，道路网络不断完善，但米脂县周边的山地丘陵地区受地形起伏度的影响，道路状况依然需要继续完善，到县城的距离较远，制约了这些村庄外缘型社会关系服务的发挥。

从时间变化来看，与 2000 年相比，2018 年米脂县文化服务供给消失的障碍因子为植被覆盖度（C_1），这体现了退耕还林政策的显著成效。除地均窑洞面积（C_9）的障碍度在上升以外，其余指标的障碍度均在下降，这是由于乡村衰败中人口流失导致的窑洞闲置、破旧等现象导致的结果。但整体上看，各障碍因子对米脂县文化服务供给的制约程度在下降。

二 不同类型生态系统文化服务的障碍度

根据公式（3.19）计算不同类型文化服务的障碍度，结果如表 3-10 所示。

表 3-10　2000-2018 年米脂县不同类型文化服务供给的障碍度

文化服务	美学服务	教育服务	地方感服务	社会关系服务	文化遗产服务	消遣娱乐服务
2000 年	15.73	22.38	19.05	7.85	19.84	15.14
2018 年	15.16	21.84	18.24	10.74	19.76	14.27
均值	15.45	22.11	18.64	9.30	19.80	14.70

由表 3-10 可得，不同类型文化服务障碍度从大到小的排序依次为，教育服务>文化遗产服务>地方感服务>美学服务>消遣娱乐服务>社会关系服务。除社会关系服务的障碍度在上升以外，其余类型文化服务的障碍度均在下降，说明了整体上障碍因子对米脂县文化服务供

给的制约呈减小的趋势。具体地，教育服务的障碍指标为爱国主义教育基地个数（均值＝10.10）＞文化广场面积（均值＝8.29），这两个指标的障碍度均在下降，这与米脂县注重红色旅游、在新时代文化广场功能发生转变的同时注重其完善建设有关。文化遗产服务的障碍指标为古建古迹个数（均值＝17.43），其障碍度在下降，这与米脂县注重古建古迹发掘和保护有关，古建古迹个数障碍度出现极大的奇异值与其在空间分布不均衡的客观事实有关。地方感服务的障碍指标为地均窑洞面积（均值＝9.91）＞三田面积占比（均值＝8.73），三田面积的障碍度在下降，地均窑洞面积的障碍度在上升，这与大力发展山地苹果产业和保护耕地政策、乡村衰落中窑洞闲置和废弃有关，窑洞是寄托人们乡愁的重要物质载体，应关注窑洞的保护和传承。美学服务的障碍指标为景观连接度指数（均值＝6.32）＞NDVI（5.03），景观连接度指数的障碍度在上升，这与乡村发展中建设用地等的增加降低了景观空间结构单元相互之间的连续性有关，NDVI障碍度在下降，反映了退耕还林对植被覆盖度提升的显著成效。消遣娱乐服务的障碍指标为水域面积占比（均值＝5.68），其障碍度在下降，这与米脂县注重发展水利建设事业及乡村旅游过程中水域资源得到开发利用有关。社会关系服务服务的障碍指标为居民点到县城距离（均值＝6.08），其障碍度在下降，这与交通基础设施完善缩短了居民点与县城之间的距离有关，也说明了米脂县应增强城关镇与县域乡村之间的联系，加强城关镇的辐射带动能力。

三　障碍类型分析

根据公式（3.18）计算各项指标对394个村庄文化服务供给的障碍度，参考王新越和朱文亮（2019）的研究，筛选出各村庄前5位的障碍因子。各村庄主要障碍因子具有局部一致性，其他障碍因子则差异较大。2000和2018年，米脂县分别有92.39%和93.15%的村庄文化服务供给的第一障碍因子为C_{13}（古建古迹个数）和C_6（爱国主义教育基地个数），这主要由于古建古迹和爱国主义教育基地在地域空间上差异较大，很多村庄这些资源缺乏所致。除米脂县大部分村庄一致的第一障碍因子外，不同村庄文化服务供给的其他障碍因子各有不同，根据障碍因子的排名并按照障碍指标命名，划分为 5 种障碍类型。

1. 地均窑洞面积障碍型。地均窑洞面积是阻碍这一类型村庄文化服务供给的主要因子，研究期间占比最多且呈上升趋势，2000 和 2018 年占比分别为 43.40% 和 60.66%，2000 年主要分布于各乡镇的外围，2018 年向乡镇中心扩张，尤其是在米脂县北部的李站乡和沙家店镇的南北交界处形成大面积连片分布的空间格局。这可能是由于随着乡村人口流失，乡村的窑洞景观逐渐衰败的原因。

2. 景观连接度指数障碍型。景观连接度是阻碍这一类型村庄文化服务供给的主要因子，研究期间占比呈上升趋势，2000 和 2018 年占比分别为 10.15% 和 12.69%，2000 年在各乡镇中心分布较多，2018 年继续向外围扩张。这可能是由于在乡镇建设中建设用地的增加导致的。道路建设等建设用地的增加会降低景观的连接度，这将降低区域美学服务供给的潜力。

3. 居民点到县城距离障碍型。居民点到县城距离是阻碍这一类型村庄文化服务供给的主要因子，研究期间占比较少，2000 和 2018 年分别为 6.35% 和 7.36%，主要为米脂县边缘的个别村庄，尤其是在北部的李站乡和东南部的姬家岔乡分布较多。位于县域周围的村庄到县城距离较远是由于受到其区位条件的制约。

4. 三田面积占比障碍型。三田面积是阻碍这一类型村庄文化服务供给的主要因子，研究期间占比大幅下降，2000 年和 2018 年分别为 37.56% 和 19.29%。2000 在米脂县中西部的各乡镇均有大斑块分布，2018 年东西两侧这一类型的村庄减少，主要位于西北—东南走向的河谷地区及向西延伸的河谷地区和东西部一些乡镇外围的个别村庄。究其原因，研究初期为退耕还林的初始阶段，研究区长期处于对耕地资源的高强度依赖状态，坡耕地占比较高，高质量耕地低于全国水平，随着 2009 年国家出台坚持实行最严格的耕地保护制度，米脂县也积极完成耕地和基本农田保护任务。另外，随着退耕还林政策的推进，梯田得以重新利用。因此，三田面积占比对文化服务供给的制约减少。

5. 文化广场面积障碍型。文化广场是阻碍这一类型村庄文化服务供给的主要因子，研究期间占比最小，2000 年占比仅为 2.54%，分别位于龙镇、银州镇和十里铺乡，2018 年这一类型村庄不存在。文化广场是由古代戏台演变而来，米脂县历史悠久，历来重视传统文化教育，大部分村庄的戏台保存完好。随着美丽乡村建设的实施逐渐注重乡村地区居民的休闲娱乐，戏台的功能逐渐演变，经过对原有戏台进行修缮、扩建等并命名为文化广场，兼有了传承传统文化和娱乐功能，一些原本没有戏台的村庄也建立起了新的文化广场，因此，文化广场已经不是制约乡村传统文化教育和消遣娱乐服务供给潜力发挥的因子。

第四节 本章小结

本章根据文化服务供给的内涵，从生态系统的自然本底出发构建文化服务供给的指标体系。通过熵权 TOPSIS 模型计算 2000—2018 年米脂县 394 个行政村的 6 类文化服务的供给潜力，并通过权重叠加的方法计算文化服务供给综合水平，分析了 2000 年和 2018 年米脂县不同类型文化服务的供给和供给综合水平的时空分异特征。另外，还通过障碍度模型分析了阻碍米脂县文化服务供给提高的因子，得出如下结论：

（1）时间上，2000 年以来，米脂县除社会关系服务供给等级下降的村庄占比较多以外，其余类型的文化服务供给均是等级上升的村庄占比较多，文化服务供给整体上在提高。

（2）空间上，美学服务供给大致呈现西北部和中部高、西南部和东部低的空间格局。教育服务供给 2000 年大致呈现西北和东北部高、中部河谷地区和东南部低的空间格局，2018 年整体呈现中西部高、东部边缘地低的空间格局。地方感服务供给 2000 年大致呈现中部河谷及向东深切沟谷地区、北部和东部边缘地区较高，西部外围和东部内侧各乡镇较低的空间格局，2018 年整体呈现西北和东部高、西南低的空间格局。社会关系服务供给整体呈现由中部河谷的银州镇和十里铺乡向外围乡镇呈圈层式递减的空间格局。文化遗产服务供给整体上呈现不同等级村庄交错分布的空间格局。消遣娱乐服务供给 2000 年大致呈现中西部高东部低的空间格局，2018 年整体呈现西部、北部和中部高、南部和东南部低的空间格局。文化服务供给综合水平 2000 年大致呈现中西部高东南部低的空间格局，2018 年整体呈现中心高外围低的空间格局。

（3）障碍因子。就指标层而言，研究期文化服务供给的公共障碍因子为古建古迹个数、爱国主义教育基地个数、地均窑洞面积、三田面积占比、文化广场面积、景观连接度指数、居民点到县城距离、水域面积占比。就不同类型文化服务而言，障碍度从大到小依次为，教育服务>文化遗产服务>地方感服务>美学服务>消遣娱乐服务>社会关系服务。从空间分异视角看，2000 和 2018 年分别有 92.39% 和 93.15% 的村庄文化服务供给的第一障碍因子为古建古迹个数和爱国主义教育基地个数，除第一障碍因子外，不同村庄文化服务供给的其他障碍因子各有不同。

第四章　生态系统文化服务需求评估

土地利用管理决策受到人类对生态系统提供的商品和服务的需求的影响（Wolff et al.，2015）。诸如财富增加、城市化和生活方式等因素的变化造成人类对生态系统服务的需求和偏好的变化，进而导致新的土地利用变化（Zasada，2011）。特别是在休闲娱乐和文化遗产保护等文化服务方面，出现了新的社会需求，使得如提供自然保护或休闲娱乐空间的土地利用面积增加（Plieninger et al.，2013a）。在乡村地域系统的农业景观中，传统的、以生产为导向的土地利用形式逐渐被满足审美和娱乐价值、自然保护等需求的土地利用形式所取代（Willemen et al.，2010）。新的以需求驱动的如景观维护补贴和生态补偿等激励政策为土地利用满足人类需求提供了动力（Lambin et al.，2014）。然而，目前大多数文化服务评估都集中在娱乐和美学服务供给的量化和空间分布上（Hernández-Morcillo et al.，2013）。近年来，文化服务需求的评估和空间制图逐渐受到关注，将文化服务需求纳入 ES 评估可以为生态保护规划、土地利用规划和景观管理提供决策信息，有助于加强 ES 概念在实践管理中的应用（Honey-Rosés et al.，2013）。本章通过问卷调查获取当地居民对文化服务的偏好，以此表征他们的文化服务需求，通过地图式参与方法获取文化服务需求的分布点数据，并通过 Maxent 模型实现米脂县文化服务需求的空间分布。

第一节 研究数据与方法

一 数据来源与处理

（一）文化服务需求评估数据来源

为了评估当地居民对文化服务的重要性感知，研究团队两次前往米脂县进行野外调研，通过面对面访谈的方式向当地利益相关者（农民和政府工作人员）发放了问卷，问卷时间及详细过程见第二章第四节，两次调研共收回问卷1093份，有效问卷1082份，有效率为98.99%。调研由研究团队中经过培训的博士生和硕士生完成。在介绍了生态系统文化服务的概念和我们的研究目的之后，根据每个村庄的总人口从这些村庄中随机抽取5至12名受访者，在人口较多的村庄适当增加受访者。

本书参考MA（2005）和Sherrouse等（2011）对文化服务的分类，经过第一次实地考察和调研并结合研究区的自然环境和历史文化环境，最终选择美学、教育、地方感、社会关系、文化遗产和消遣娱乐6类文化服务为研究对象，表4-1说明了6类不同文化服务的定义与例子。

表4-1　　　　　　　　文化服务类型及定义

文化服务类型	定义与例子	定义来源
美学	人们从景观中获得的美感，比如优美的风景、丰富的色彩等	Sherrouse et al, 2011
教育	农耕文明传承、爱国主义、生态保护等的教育意义	Angarita-Baéz et al, 2017
地方感	人们生活环境的独特特征使他们感觉到安全、舒服及有依恋感	Dou et al, 2019
社会关系	生态系统对特定文化基础之上的多种社会关系产生影响	MA, 2005
文化遗产	具有较高的历史和文化价值的"人文景观"	Plieninger et al, 2013b

续表

文化服务类型	定义与例子	定义来源
消遣娱乐	人们空闲时间去处的选择，如休闲、散步、遛狗、陪孩子玩耍、娱乐活动等地方的选择	Dou et al, 2019

问卷内容由三部分组成。（1）被调查者的基本概况：年龄、性别、受教育程度、职业、家庭收入来源、居住状况、家庭人口和健康状况（生理和心理健康）。（2）被调查者对文化服务的重要性感知：采用5分制的李克特量表（Likert-scale）测量方法（①非常不重要；②不重要；③一般重要；④重要；⑤非常重要），由受访者对不同类型文化服务的重要性感知进行打分。（3）研究区典型景观提供文化服务的重要性：受访者对提供每一类文化服务的典型景观进行选择，每一类文化服务对应的典型景观被选择的总次数代表该类景观提供该类文化服务的重要性。

（二）文化服务空间制图数据来源

1. 文化服务需求分布点数据。参考 Plieninger 等（2013b）和 Beichler（2015）的参与式制图方法，对选出的 34 个行政村进行空间参与式制图，每个行政村打印一幅 A0 大小（约 120 厘米×90 厘米）的地形图。首先，选择各行政村对村庄环境十分熟悉并认识地图的受访者，向他们介绍各类文化服务的概念后（见表4-1），要求受访者使用彩色笔在地图上标注美学、教育、地方感、社会关系、文化遗产和消遣娱乐重要的地方。其次，为方便后续分析，通过设问的方式，记录受访者标注的地物类型，权属及历史变化原因。地图标注方式和记录内容如图 4-1 所示。最终，受访者共标注了 417 个点，其中美学（128 个），教育（27 个），地方感（28 个），社会关系（49 个），文化遗产（106 个），消遣娱乐（79）个。采用 ArcGIS 10.4 对标注点地图进行地理配准和矢量化，得到文化服务需求的分布点矢量图层。最后，将文化服务需求的分布点信息保存为"物种+经度+纬度"的 csv 格式文件以满足 Maxent 要求。

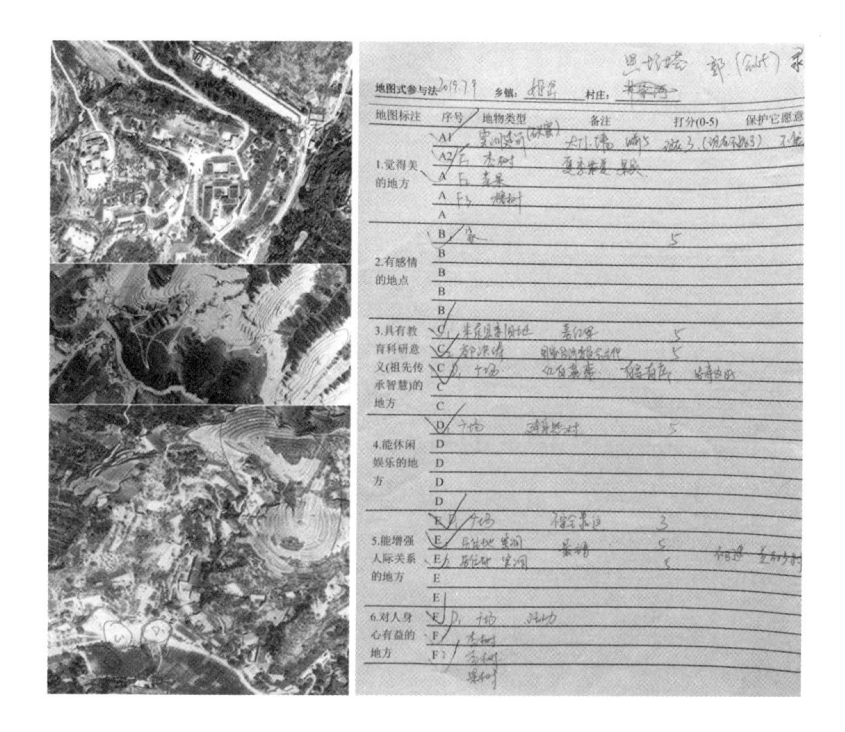

图 4-1　地图式参与法标注及记录内容

2. 文化服务需求的环境变量。参考 Zhang 等（2019a）和 Zhao 等（2020）的研究，本书的环境变量数据包含土地利用类型数据（the landuse/landcover，Lucc）、海拔数据（Elevation）、坡度数据（Slope）和坡向数据（Aspect）。本书的 DEM 数据下载于地理空间数据云，空间分辨率为 30×30 米，通过 ArcGIS 10.4 软件中的表面分析工具从 DEM 数据中提取海拔、坡度和坡向数据。土地利用数据通过对 2018 年米脂县高分一号影像数据解译获取（详见第三章第一节），参照土地利用分类标准（GB/T21010-2017）与实地调研中地图式参与者标注的与文化服务需求相关的地物类型情况，将地类划分为 8 类，具体为：①耕地；②果园；③林地；④草地；⑤居住用地；⑥风景名胜设施用地；⑦水域；⑧未利用土地。在 ArcGIS 10.4 软件中将 4 个环境变量图层的栅格大小统一重采样为 10 米×10 米，将坐标系统一投影为 Xian_ 1980_ 3_ Degree_ GK_ Zone_ 37，并统一图层边界，最后将所有图层转换为 ASCII 格式文件以满足 Maxent 软件需要。

二 评估方法

(一) 文化服务需求评估方法

1. 文化服务需求计算。文化服务需求采用 5 分制的李克特量表数据，首先使用 SPSS16.0 软件对数据进行信度和效度检验，Cronbach's Alpha 用于检验量表信息的信度，检验结果为整个量表的 Cronbach's Alpha=0.561>0.500，表明量表信息具有较好的内部一致性（田永霞等，2015）。效度检验包含内容效度和内部结构效度，问卷内容的设置参考了已有文献（Sherrouse et al., 2011; Plieninger et al., 2013b; Langemeyer et al., 2015; Angarita-Baéz et al., 2017），能满足内容效度。探索性因子分析用于检验内部结构效度，检验结果为 Kaiser-Meyer-Olkin (KMO) = 0.674，Bartlett's 球形度检验的近似卡方值=481.544，p=0.000，表明量表信息具有较好的内部结构效度（何旭等，2019）。其次，参考 Ciftcioglu（2017）和 Shi 等（2020b）的研究，文章采用应用最普遍的均值法计算当地居民对文化服务的需求，即所有受访对每一类文化服务重要性感知得分的和除以受访者个数。

2. 文化服务需求多样化指数。为了描述米脂县居民文化服务需求多样化程度，特引入多样化感知指数（赵雪雁，2012；王晓琪等，2020），测度居民对文化服务需求多样化程度的认知，如农户认为林地生态系统只提供美学服务时，多样化感知指数为 1，提供美学和消遣娱乐服务时，多样化感知指数为 2，依次类推，公式如下：

$$D_j = \frac{1}{n}\sum_{i=1}^{n} d_{ij} \qquad (4.1)$$

式中，d_{ij} 为第 i 个受访者的第 j 类文化服务需求多样化指数，n 为研究区受访者个数，D_j 为研究区第 j 类文化服务需求多样化指数。

(二) 文化服务空间制图方法

1. 最大熵模型（Maxent）。物种分布模型又称生态位模型，是依据已知物种的分布信息和相应的环境变量信息，通过特定算法预测物种潜在分布。在最常用的物种分布模型中，Maxent 模型最具代表性，是 Phillips 等在 2004 年基于最大熵理论和机器学习方法建立的物种分布模型,该模型中,物种分布点及其所生存的环境变量被视为一个系统,系统内部通过物质和能量的不断交换使得熵不断增加,直至熵达到最大值时物种和环境之间达到平衡状态。因此,Maxent 模型通过计算系统最大熵时的参数推算物种与环境之间的对应关系来预测物种分布,在计算时仅需要物种分布点的位置信息和环境变量,即使在分布点数据较少的情况下仍能保持较好的预测精度,且可以对预测结果进行检验(张立娟等,2020;杨彪等,2020)。Maxent 模型已经被逐渐应用于文化服务需求的空间制图中(Yoshimura、Hiura,2017;Clemente et al.,2019;He et al.,2019),本书采用该模型实现米脂县文化服务需求的空间制图。

2. 模型构建。米脂县文化服务需求的空间制图在软件 Maxent 3.4.1 中进行,将地图式参与者标注的 6 类文化服务需求分布点的位置(经纬度)和与之密切相关的 4 个环境变量图层分别输入物种分布(samples)模块和环境变量(environmental layers)模块,随机选取 70%的分布点作为训练数据集(Training data)用于模型建立,剩余 30%的分布点作为检验数据集(Test data)用于模型验证,并在此基础上设置绘制响应曲线(create response curves)评价模型精度、采用刀切法评价变量重要性(do jackknife to measure variable importance)和阈值选择规则(apply threshold rule)。为保证模型的稳定性,进行 10 次自举法(Bootstrap)重复,通过运算以 Logistic 格式输出结果,得到米脂县文化服务需求的空间分布结果。

3. 模型检验。受试者工作特征曲线(Receiver operating characteristic, ROC)是反映模型敏感性和特异性连续变量的综合指标,其下的面积值(Area under curve, AUC)被用来判断模型的精度。AUC 取值范围在 0 到 1 之间,0.5 表示模型随机,值越大表明预测结果越好,判断标准为:0.5<AUC 值<0.7 表示模型较为准确,0.7≤AUC 值<0.9 表示模型准确,AUC 值≥0.9 表示模型高度准确(Yoshimura、Hiura,2017;He et al.,2019)。

4. 文化服务需求的等级划分。子类文化服务需求的等级划分:参照杨楠等(2020)的研究,分别以 TSS 阈值(Maximum training sensi-

tivity plus specificity Cloglog threshold，TSS）和 TPT 平衡阈值（Balance training omission，predicted area and threshold value Cloglog threshold，TPT）为断点，将模型结果分为低需求区、中等需求区和高需求区 3 个等级。由于 Maxent 模型输出结果为 ASCII 格式，需要通过 ArcGIS 软件中的转换工具转换为 TIF 格式的栅格数据，并通过重分类工具进行等级划分，为便于分析，利用 ArcGIS 10.4 软件中的空间统计功能计算不同等级文化服务需求的面积。文化服务需求综合水平的等级划分：通过将 6 类文化服务需求的空间分布图进行等权重叠加得到文化服务需求综合水平空间分布图，再通过自然断点法分为低水平、较低水平、中等水平、较高水平和高水平五类，并同样利用 ArcGIS 10.4 软件统计不同等级文化服务需求综合水平的面积。

5. 环境变量的重要性评估。采用软件内置的变量贡献率（Contribution rate）和刀切法检验（Jackknife）来分析不同环境变量对米脂县文化服务需求的影响程度，并且绘制变量响应曲线分析各环境变量对文化服务需求的影响模式（杨楠等，2020）。

第二节　生态系统文化服务需求评估结果

一　受访者个体特征

本次调查中，受访者男性多于女性，所占比例分别为 77.45% 和 22.55%，尽管在调研中，我们鼓励女性积极参与并表达她们的观点，但女性往往比较安静，Fagerholm 等（2012）、Muhamad 等（2014）和 Zhang 等（2016）的研究也表现出这一现象，这可以解释为，研究区的家庭决策多以男性为主导，相对女性而言，男性受访者能够提供更加全面的信息（Shi et al.，2020b）。从年龄来看，60—69 岁的受访者占比最高为 34.75%，其次依次为 50—59 岁（28.93%）、≥70 岁（19.96%）、40—49 岁（10.17%）和 18—39 岁（6.19%）。从受教育水平来看，接受小学和初中教育的受访者占比最多，分别为 33.92% 和 31.24，其次是小学以下受访者占比较多为 23.38%，高中及以上教育程度的受访者人数最少，占比为 11.46%（见表 4-2）。

表 4-2　　　　　　　　　　米脂县受访者特征

人口学特征	个体特征	数量/个	占比/%
性别	男	838	77.45
	女	244	22.55
年龄	18—39	67	6.19
	40—49	110	10.17
	50—59	313	28.93
	60—69	376	34.75
	≥70	216	19.96
教育程度	小学以下	253	23.38
	小学	367	33.92
	初中	338	31.24
	高中及以上	124	11.46

二　生态系统文化服务需求

米脂县居民对社会关系、地方感、美学、消遣娱乐、教育和文化遗产服务的重要性感知依次降低，重要性感知均值依次为 4.40、4.31、4.27、3.40、3.38 和 3.32（见图 4-2），总体来说，6 类文化服务的重要性感知等级均在一般重要以上，说明当地居民对 6 类文化服务都具有不同程度的需求。社会关系、地方感和美学的重要性感知处于重要等级可以解释为：①研究区乡村仍然保留着基于亲缘和地缘关系交织的熟人社会特征，彼此熟悉和互助性是维系乡村社会关系的重要纽带；②研究区乡村居民以长期定居者为主，他们熟悉所处的生产和生活环境并对这些环境有深厚的感情和依恋感，所以地方感较高；③调研发现，受访者回答的美学不仅包括对周围环境感官上的美，还包含他们对周围环境的满意度和满足感，这种较高程度的满意度和满足感也称之为"美"，因此，这种美学的重要性感知反映了文化服务与地方文化的密切相关性（Shi et al, 2020b）。而消遣娱乐、教育和文化遗产的重要性感知处于一般重要等级可以解释为，对于这

3类文化服务的重要性感知的非常不重要、不重要和一般重要等级的受访者占比较多，降低了重要性感知的均值，这3个等级的总占比依次为47.60%、48.34%和51.02%，相比而言，社会关系、地方感和美学的这3个等级的总占比依次仅为15.90%、19.32%和17.47%。这也说明应丰富当地居民的消遣娱乐生活，同时加强教育和文化遗产服务重要性的宣传。

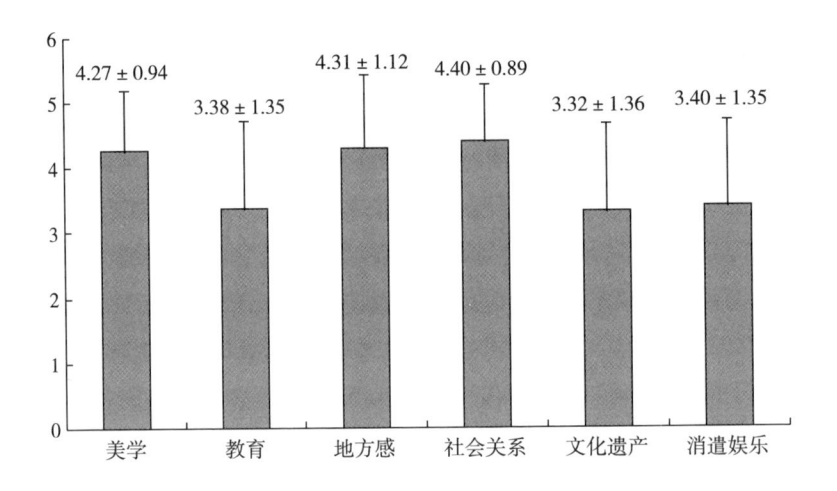

图 4-2 不同类型生态系统文化服务的需求水平

从居民对不同类型文化服务重要性感知等级占比来看，6类文化服务为非常重要等级的占比都是最大的，其中认为地方感、社会关系和美学服务非常重要的居民占到总人数的一半以上，占比分别为64.14%、61.37%和52.13%，认为消遣娱乐和教育服务非常重要的居民占比分别为26.62%和26.52%，认为文化遗产服务非常重要的居民占比为24.95%（见图4-3）。其次是重要等级的占比较大，由高到低依次为美学、消遣娱乐、教育、文化遗产、社会关系、地方感，占比分别为30.41%、25.79%、25.14%、24.03%、22.74%、16.54%。第三是占一般重要等级的占比较大，由高到低依次为文化遗产、消遣娱乐、教育、美学、社会关系、地方感，占比分别为23.66%、21.35%、19.96%、11.83%、11.65%、9.80%。最后，除认为文化遗产和消遣娱乐服务不重要的居民占比最小以外,占比分别为 12.48% 和 13.03%,其余 4 类文化服务被认为非常不重要的等级占比都最小,由高到低依次为教育、地方感、美学、社会关系,占比分别为 11.92%、4.62%、1.94%、0.92%。总体来说,居民对不同类型文化服务重要性感知等级占比由非常重要到非常不重要逐渐降低,说明米脂县居民能意识到文化服务的重要性,对多种类型的文化服务有较高的需求。

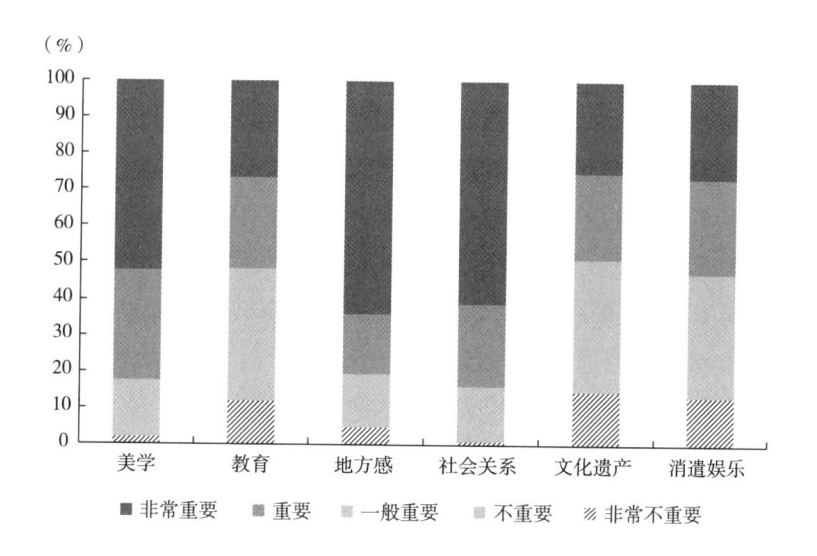

图 4-3 不同类型生态系统文化服务的需求等级百分比

三 生态系统文化服务多样化感知

生态系统是农村居民赖以生存的环境,他们的福祉更多地与生态系统紧密相连,从而能够高度感知到更加多样化的文化服务。米脂县居民对窑洞景观提供的文化服务的多样化感知最强,林草地和梯田次之,寺庙较弱,文化广场和水域最弱,多样化感知指数分别为 2.146、2.039、1.624、1.368、0.860 和 0.640(见表 4-3)。从能够感知到各类景观提供文化服务的人数占比来看,能感知到林草地提供文化服务的人数最多,占到 93.53%;其次是梯田和窑洞,分别占到 79.76% 和 77.26%;感知到寺庙和戏台提供文化服务的人数占比较少,分别为 60.44% 和 51.11%；感知到水域提供文化服务的人数占比最少，为 45.19%。这说明居民对景观提供的文化服务的感知受当地资源禀赋的影响，水域是米脂县较为缺乏的景观，这一方面减少了当地居民对这一景观的依赖性，另一方面也降低了居民对这一景观的认知。

表 4-3　　　　米脂县居民对文化服务多样化的感知指数

文化服务	林草地	窑洞	梯田	水域	寺庙	文化广场
多样性感知指数	2.039	2.146	1.624	0.640	1.368	0.860
比重/%	93.53	77.26	79.76	45.19	60.44	51.11

第三节　生态系统文化服务需求的空间分布

一　模型精度检验

通过 10 次重复，得到米脂县文化服务需求的空间分布模型，6 种文化服务分布模型的平均训练集 AUC 值为 0.773，根据 AUC 评价标准，表明 Maxent 模型结果准确，也说明该模型适宜于评估文化服务需求的空间分布。其中，相比其他类型的文化服务，虽然美学服务分布模型的 AUC 值较低为 0.685，但也超过了随机分布模拟值（0.5），表明模型结果较为准确，其他类型文化服务分布模型的 AUC 值均在 0.7—0.9 之间，具有准确的模拟结果（见表 4-4）。

表 4-4　　　Maxent 模型对米脂县文化服务预测结果的 AUC 值

文化服务	美学	教育	地方感	社会关系	文化遗产	消遣娱乐
AUC	0.685	0.814	0.803	0.832	0.733	0.771

二　生态系统文化服务需求的空间分布

（一）米脂县子类文化服务需求的空间分布

采用 Maxent 模型计算所得的 TSS 阈值和 TPT 平衡阈值为断点，将 6 类文化服务需求的模拟结果分为低需求区、中等需求区和高需求区 3 个等级，6 类文化服务需求的 TSS 阈值和 TPT 平衡阈值如表 4-5 所示。不同等级文化服务需求面积的统计如表 4-6 所示。

表 4-5　　文化服务需求的 TSS 阈值和 TPT 平衡阈值

阈值	美学	教育	地方感	社会关系	文化遗产	消遣娱乐
TSS 阈值	0.641	0.761	0.538	0.43	0.611	0.565
TPT 平衡阈值	0.263	0.192	0.275	0.218	0.261	0.237

表 4-6　　米脂县文化服务需求不同等级面积统计

文化服务类型	低需求区		中等需求区		高需求区	
	面积（平方公里）	占比（%）	面积（平方公里）	占比（%）	面积（平方公里）	占比（%）
美学	31.98	2.71	902.40	76.57	244.15	20.72
教育	77.31	6.56	1055.21	89.54	45.98	3.90
地方感	25.67	2.18	759.58	64.45	393.30	33.37
社会关系	403.49	34.24	367.98	31.22	407.07	34.54
文化遗产	61.88	5.25	912.81	77.45	203.85	17.30
消遣娱乐	165.29	14.03	796.51	67.58	216.73	18.39

1. 米脂县美学需求整体呈现中部高东西低的空间格局。高需求区面积占比为 20.72%（见表 4-6），分布在呈西北—东南走向的无定河区域和东西部局部的沟道区域，大型斑块集中在银州镇和十里铺乡的中部、龙镇和李站乡的东北部以及郭兴庄乡的西南部。中等需求区面积占比最多为 76.57%，在东西部各乡镇大面积集聚分布。低需求区占比极少仅为 2.71%，在东西部各乡镇以小斑块的形式零星分布。

由地图式参与可知，美学需求的标注点由旅游景点、林地、果园、水域、梯田、坝地、窑洞、高层建筑组成。提到美学，地图式参与者首先会想到当地的旅游景点，尤其是在米脂县的政治经济文化中心银州镇，这里旅游景点规模较大，分布集中，知名度高，保存完善，如窑洞古城、李自成行宫、刘澜涛故居等景点都第一时间在地图上得到了标注。其次是米脂县退耕还林期间种植了成片松柏树、槐树和柳树，这些人工林提高了当地的森林覆盖率的同时也带给了当地人民美学享受。为提高居民收入，米脂县还大力种植经济林，包括苹果树、杏树、桑树、桃树，地图式参与者认为果树在春天开花和夏秋季节果实累累的时节最美，如印斗镇的马家铺村有1800多亩桃树，在春天开花季节吸引了各地游客。水域也是标注的热点区域，包括米脂县中部的无定河、郭兴庄乡的南沟大坝甚至各类人工水库和鱼塘都被认为具有重要的美学价值。另外，梯田的层次美、坝地的平整美、窑洞的整齐和高层建筑的大城市气息等多元的美学价值都得到了标注。

2. 米脂县教育需求也整体呈现中部高东西低的空间格局。高需求区面积占比最小仅为3.90%（见表4-6），在中部无定河沿岸及其东西延伸的支流沿岸集中分布，在米脂县东北、东南和西部边缘有大型斑块分布，在东西两侧的各乡镇有小型斑块零星分布。中等需求区面积占比最多为89.54%，在米脂县中部河谷地带和东西两侧各乡镇大面积集聚分布。低需求区占比为6.56%，分布于东西两侧各乡镇地势相对较低的区域。

由地图式参与可知，教育需求的标注点由以窑洞建筑为主的各大庄园、革命旧址、文化广场、林地和水域组成。窑洞是米脂县独具特色的民居形式，具有浓厚的汉族民俗风情和乡土气息，是陕北劳动人民与自然和谐相处的智慧结晶，一些保存完好的规模较大、布局巧妙、工艺精湛的明清窑洞四合院在地图上得以标注，如印斗镇被称为"西部民居第一宅"的姜氏庄园和高渠乡的大型窑洞常氏庄园。红色旅游资源如沙家店战役遗址、杨家沟毛泽东旧居、姬家岔米东县委旧址的历史教育意义被认为具有重要意义。村庄的文化广场除了举办文化娱乐活动外，还是举办红白喜事的场所，给年轻人传授办事有序、办好家事的优良传统，这一教育意义的重要性也得到标注。植树造林在当地具有环境保护和发扬艰苦奋斗、自力更生精神的教育意义，一方面体现在对水土保持和黄风黄沙的减少起到重要作用，另一方面体现了米脂人民在脆弱的自然环境下贯彻绿色发展理念的坚持,这在高西沟最为典型。水域的教育意义一方面体现在具有高效的生态经济效益的小流域综合治理模式,如位于郭兴庄乡的南沟大坝就是70年代打成的淤坝地,后因山上植被覆盖率增加,水土流失减少,现在变成水库,水量丰富;另一方面体现在文化与自然环境相结合的旅游资源的开发和美丽乡村的建设,如柳家坬借助"貂蝉故里"的传说和自身黄土峭壁山崖险要的地理环境及丰富优质的地下水资源,被打造成为一个集生态、旅游、文化、农业于一体的美丽乡村。

3. 米脂县地方感需求整体上呈现高需求区与中等需求区呈条带状相间分布的空间格局。高需求区面积占比为33.37%（见表4-6）,一部分与米脂县居民点分布相吻合,一部分位于米脂县西部边缘和东部呈西北—东南走向的丘陵地带。中等需求区面积占比最大为64.45%,在米脂县全境均有分布。低需求区占比最小仅为2.18%,在东西部各乡镇零星分布。

人们通过各种感官感受到地方,各种感受的综合形成了地方感（张骁鸣、翁佳茗,2019）。当让地图式参与者标注他们感觉到安全、舒服及有依恋感的地点时,多数人认为整个村庄环境都让他们有这种感受,进一步要求他们标注地物时,他们选择了标注窑洞、耕地和林地。地图式参与者均为熟悉所属村庄环境的土生土长的米脂人,他们已经习惯当地的民居形式窑洞,并表示对窑洞本身及其冬暖夏凉的舒适感有深厚的情感认同和依恋。米脂县地处陕北黄土高原,是以农业生产为主的乡村地域系统,居民与耕地交互密切,耕地成为寄托当地居民情感要素的重要来源,例如郭兴庄乡75岁的李海生老人提到对自己的一块坝地感情深厚,每天去看一遍,因为这块地庄稼长得好,最养人,他最大的愿望就是治沟,修建一台台小坝地,做到水不出沟。对林地的标注尤其体现了综合感官形成的地方感,林地不仅能保持水土,防风固沙,还具有美学价值,同时让乡村地区拥有空气清新的疗养价值,因此在植树造林、种草的丘陵地区具有较高的地方感需求。

4. 米脂县社会关系需求整体呈现中部高东西低的空间格局。高需求区面积占比最大为34.54%（见表4-6）,在米脂县中部的银州镇和十里铺乡集聚分布,在无定河东西两侧延伸的沟谷地区以及东部边缘的沟道地区有所分布。中等需求区面积占比为31.22%,分布于高需求区外围。低需求区占比面积为34.24%,在米脂县东西两侧以大斑块的形式集聚分布。

米脂县作为乡村地域系统,形成了以血缘和宗族为天然纽带的互助性强的"熟人社会",社会关系在居民的日常生活中扮演着重要角色。维系这种社会关系的具体环境空间为窑洞、文化广场、村委会、街道、三岔路口、桥头等,这些环境空间通过具体的空间实践转化为了社会空间,赋予了空间社会以文化意义,使其成为乡村文化和社会关系形成的重要场域。具体的活动体现为互相去各家窑洞串门,在建窑时会互相帮助,建窑后有乔迁、暖窑等风俗,通过这些方式社会关系得以加强。文化广场通过一年一度的文化活动如唱戏、庙会的举办,日常生活的居民娱乐和锻炼如跳广场舞,红白喜事的集体完成等增强社会关系。另外,在农闲时,居民会集聚在村委会、街道、视野较为开阔的三岔路口和桥头等场所聊天,尤其是时间较为充足的老人,会在这些地方晒太阳、聊天、下棋,形成和谐的画面。此外,这些环境空间多在居民点集聚、人口较多的地区能充分发挥作用,因此在米脂县中部城镇化水平高、人口密集的地区社会关系需求强烈,而在东西两侧受复杂地形影响居民点分散、人口较少,加之受人口外流引发乡村衰败的地区社会关系需求较低。

5. 米脂县文化遗产需求整体上也呈现中部高东西低的空间格局。高需求区面积占比为17.30%(见表4-6),主要分布于地势低平的中部河谷地带和东西两侧的沟谷地区。中等需求区面积占比最大为77.45%,在米脂县东西两侧集中分布。低需求区占比最小为5.25%,在郭兴庄乡和龙镇的西部边缘山地丘陵地区和米脂县东部呈西北—东南走向的山地丘陵地区有大斑块分布。

分析原因可知,米脂县作为"千年古县",文化遗产丰富,地图式参与者标注点由文化广场、寺庙、大型窑洞、历史建筑和旧址、石窟、名人故居等组成,这些环境空间均可归为文化景观,多分布于地势低平的地区,因此,在河谷和沟道地区的需求较高,而在地形复杂的丘陵地区需求较低。具体地,文化广场由历史的戏台演变和修缮而来,戏台和寺庙相对,举办唱戏、说书和庙会活动,都在上百年之久,尤其是寺庙都具有悠久的历史,因此被当地人一致认同为文化遗产。各大型窑洞也因具有悠久的历史和较高的文化价值被标注为文化遗产。历史建筑如明代修建的李自成行宫,历史旧址包括红色革命旧址如米东县委旧址、沙家店粮站、沙家店战役遗址、杨家沟扶风寨以及宋代永乐战役发生地永乐城遗址。石窟艺术是佛教艺术的表现形式之一,米脂县依山岩凿成的石窟分布广泛,保存完好的木头则沟、毗卢寺和王沙沟(万佛洞石窟)三处精美的石窟被标注。名人故居主要包括姬家岔乡的郭洪涛旧居、桃镇的李鼎铭旧居、桥河岔乡的杜聿明故居、印斗镇的杜岚故居、杨家沟镇的毛泽东旧居和马明方旧居、银州镇的刘澜涛旧居。

6. 米脂县消遣娱乐需求整体上呈现高中低需求区相间分布空间格局。高需求区面积占比为18.39%(见表4-6),位于米脂县中部的河谷地带及无定河东西两侧和东部边缘的侵蚀沟道。中等需求区面积占比最大为67.58%,位于高需求区的外侧。低需求区占比最小为14.03%,位于米脂县西部和东部呈西北—东南走向的山地丘陵地带。

分析原因可知,米脂县消遣娱乐需求与社会关系需求相似,均是在地势低平、居民点分布集中的地方需求较高。消遣娱乐需求的地图式参与标注点为公园、文化广场、窑洞、桥头、三岔路口、老年活动中心、养老院、水库、小山。米脂县城中心的滨河公园是银州镇居民扭陕北秧歌、打腰鼓、打太极、散步的重要场所。文化广场是乡村居民扭秧歌、跳广场舞、闲聊的场所。农户窑洞、桥头和三岔路口是乡村居民串门、闲聊的场所。随着美丽乡村政策的实施,一些村庄建立了老年活动中心和养老院供老年人集聚在一起锻炼娱乐。水库成为年轻人钓鱼娱乐的场所。有一些人则习惯每天上山转一圈呼吸新鲜空气、看风景、锻炼身体。

(二)米脂县文化服务需求综合水平空间分布

通过等权叠加方法计算米脂县文化服务需求综合水平,采用ArcGIS10.4的自然断点法将米脂县文化服务需求综合水平划分为五个等级，分别为低水平（Ⅰ级：0.228—0.349）、较低水平（Ⅱ级：0.350—0.446）、中等水平（Ⅲ级：0.447—0.552）、较高水平（Ⅳ级：0.553—0.721）和高水平（Ⅴ级：0.722—1.000）。不同等级文化服务需求综合水平的面积统计结果如表4-7所示。

表4-7　　　　米脂县文化服务需求综合水平不同等级面积统计

等级	Ⅰ级	Ⅱ级	Ⅲ级	Ⅳ级	Ⅴ级
面积（平方公里）	353.73	370.42	278.07	129.89	46.44
占比（%）	30.01	31.43	23.59	11.02	3.94

文化服务需求综合水平由6类文化服务需求等权重叠加表征。文化服务需求综合水平空间异质性明显。Ⅰ级文化服务需求综合水平面积为353.73，占比为30.01%（见表4-7），集中分布于米脂县东西两侧的山地丘陵地区。Ⅱ级面积最多为370.42平方公里，占比为31.43%，分布于Ⅰ级内侧。Ⅲ级面积为278.07平方公里，占比为23.59%，位于米脂县中部及东西两侧的侵蚀沟道地区。Ⅳ级面积为129.89平方公里，占比为11.02%，分布于Ⅲ级内侧。Ⅴ级面积最小为46.44平方公里，占比为3.94%，一部分分布于地势低平的米脂县中部河谷地带和东西两侧的侵蚀沟谷地区，一部分位于西部和东北部边缘及东南部的山地丘陵地区。总体来说，尽管米脂县文化服务需求综合水平在外围地势较高的区域出现了个别等级较高的斑块，但整体上呈现由中部及东西两侧地势较低的河谷地区向外围地势较高的区域逐渐降低的空间格局，这说明文化服务需求与人口分布密切相关，文化服务需求的高低与到居民点距离的远近相关，存在距离衰减规律，到居民点距离越近，文化服务需求综合水平越高，反之，文化服务需求综合水平越低。

不同区域不同类型的文化服务需求在空间上具有重叠性，与区域文化服务需求综合水平的高低也密切相关。为进一步探讨文化服务需求综合水平较高的区域是否与多种类型的文化服务需求重叠区域出现空间一致性，参考Peng等（2016）的研究，将6类文化服务需求大于整个区域平均值的栅格赋值为1，代表该栅格具有较高的文化服务需求，小于平均值的栅格赋值为0，代表该栅格具有较低的文化服务需求，再通过ArcGIS10.4软件对赋值后的6类文化服务需求叠加得到米脂县多种类型文化服务需求的空间分布结果，并统计多种类型文化服务需求的面积（见表4-8）。叠加后栅格值为0表示该栅格没有相应类型的文化服务需求，1表示有1种类型的文化服务需求，大于1则表示有多种类型的文化服务需求。

表4-8　　　　　米脂县多种类型文化服务需求的面积统计

需求种类	0	1	2	3	4	5	6
面积（平方公里）	179.88	236.11	205.40	166.64	146.01	173.45	71.04
占比（%）	15.26	20.03	17.43	14.14	12.39	14.72	6.03

米脂县多种类型文化服务需求空间分异明显。64.71%的区域为多种类型文化服务需求区，同时有2种及以上类型的文化服务需求（见表4-8）。具体而言，数量上，无相应类型文化服务需求的区域面积为179.88平方公里，占比为15.26%；至少有1种类型文化服务需求的区域面积为236.11平方公里，占比为20.03%；同时有2种类型文化服务需求的区域面积为205.40平方公里，占比为17.43%；同时有3、4、5、6种文化服务需求的区域面积分别为166.64平方公里、146.01平方公里、173.45平方公里、71.04平方公里，各自占比分别为14.14%、12.39%、14.72%、6.03%。空间上，米脂县多种类型文化服务需求与文化服务需求综合水平的空间分异特征具有相似性，在外围地势较高的区域出现了个别多种类型文化服务需求的斑块，整体上呈现由中部及东西两侧地势较低的河谷地区向外围地势较高的区域文化服务需求种类逐渐减少的空间格局。这充分说明文化服务需求综合水平较高的区域与多种类型的文化服务需求区域具有空间一致性。

第四节 环境变量对生态系统文化服务
需求空间分布的影响

一 环境变量对生态系统文化服务需求分布的贡献率

Maxent 模型可以计算各环境变量对文化服务需求分布的贡献率，表 4-9 表明，就美学服务而言，海拔、坡向和土地利用类型 3 个环境变量的贡献率达到了 5%以上，其贡献率分别为 39.06%、37.47%和 21.49%，累计对米脂县美学服务需求分布产生了 98.02%的影响。就教育服务而言，海拔和坡向 2 个环境变量的贡献率达到了 5%以上，其贡献率分别为 80.89%和 15.44%，累计对米脂县教育服务需求分布产生了 96.33%的影响。就地方感服务而言，海拔、坡度和土地利用类型 3 个环境变量的贡献率达到了 5%以上，其贡献率分别为 47.53%、28.87%和 19.27%，累计对米脂县地方感服务需求分布产生了 95.67%的影响。就社会关系服务而言，海拔和坡向 2 个环境变量的贡献率达到了 5%以上，其贡献率分别为 62.69%和 30.64%，累计对米脂县社会关系服务需求分布产生了 93.33%的影响。就文化遗产服务而言，海拔、土地利用类型和坡向 3 个环境变量的贡献率达到了 5%以上，其贡献率分别为 67.10%、25.28%和 5.81%，累计对米脂县文化遗产服务需求分布产生了 98.19%的影响。就消遣娱乐服务而言，海拔、土地利用类型和坡度 3 个环境变量的贡献率达到了 5%以上，其贡献率分别为 51.73%、26.53%和 20.22%，累计对米脂县消遣娱乐服务需求分布产生了 98.48%的影响。

表 4-9　　　　环境变量对文化服务需求分布的贡献率

文化服务类型	土地利用类型	海拔	坡度	坡向
美学	21.49	39.06	1.98	37.47
教育	0.46	80.89	3.22	15.44
地方感	19.27	47.53	28.87	4.33

续表

文化服务类型	土地利用类型	海拔	坡度	坡向
社会关系	3.51	62.69	3.16	30.64
文化遗产	25.28	67.11	1.81	5.81
消遣娱乐	26.53	51.73	20.22	1.52

二 生态系统文化服务需求分布概率与环境变量的响应

随着环境变量参数的变化，各类文化服务需求分布概率变化也不相同。图4-4显示，米脂县6类文化服务需求的分布概率随着土地利用类型的变化而变化。其中，随着土地利用类型的不同，美学需求分布概率在0.3—0.5，对其影响由高到低的土地利用类型依次为居住用地、风景名胜用地、草地、林地、果园、水域、耕地、未利用地。教育需求分布概率在0.1—0.4，影响由高到低依次为果园、林地、耕地、草地、居住用地、景名胜用地、水域、未利用地。地方感需求分布概率在0.4—0.8，影响由高到低依次为风景名胜用地、居住用地、

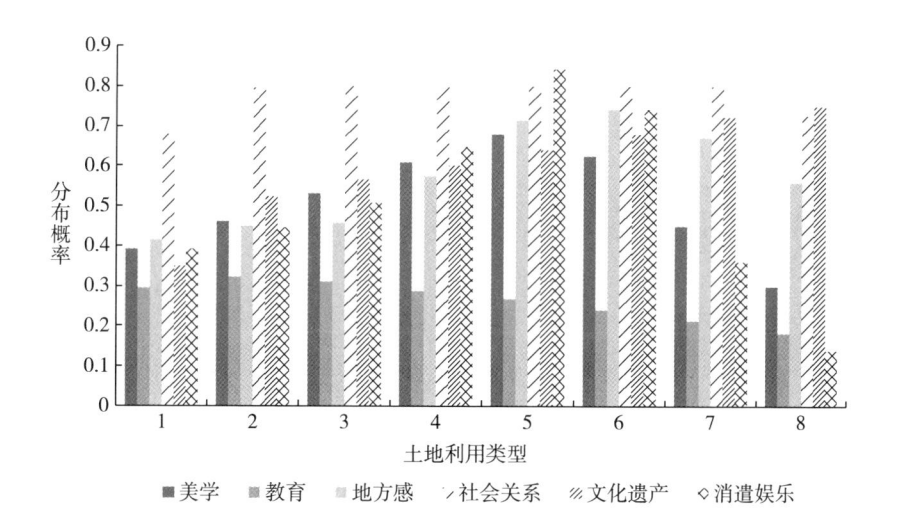

图4-4 米脂县文化服务需求与土地利用类型的响应图

注：图中横坐标1-8表示8类土地利用，其中，1表示耕地，2表示果园，3表示林地，4表示草地，5表示居住用地，6表示风景名胜用地，7表示水域，8表示未利用地。

水域、草地、未利用地、林地、果园、耕地。社会关系需求分布概率在 0.6—0.8，果园、林地、草地、居住用地、风景名胜用地、水域的影响相当而且较大，其次是未利用地和耕地。文化遗产需求分布概率在 0.3—0.8，影响由高到低依次为未利用地、水域、风景名胜用地、居住用地、草地、林地、果园、耕地。消遣娱乐需求分布概率在 0.1—0.9，影响由高到低依次为居住用地、风景名胜用地、草地、林地、果园、耕地、水域、未利用地。

图 4-5 显示，米脂县 6 类文化服务需求的分布概率随着海拔的不同变化趋势不同。其中，美学需求分布概率随着海拔的变化在 0.4—1.0 变化，海拔在 850—950 米呈现下降趋势，在 950—1130 米保持平稳态势，在 1130—1230 米呈上升趋势，之后又逐渐平稳。教育需求分布概率随着海拔的变化在 0.3—1.0 变化，海拔在 850—900 米呈缓慢上升的趋势，在 900—940 米呈急剧下降的态势，在 940—1180 米呈平稳态势，之后随海拔的增加又呈急剧上升的态势。地方感需求分布概率随着海拔的变化在 0.4—1.0 变化，海拔在 850—1125 米呈波动下降的趋势，下降速度较缓，在 1125—1175 米呈快速上升的趋势，之后趋于稳定。社会关系需求分布概率随着海拔的变化在 0.2—1.0 变化，

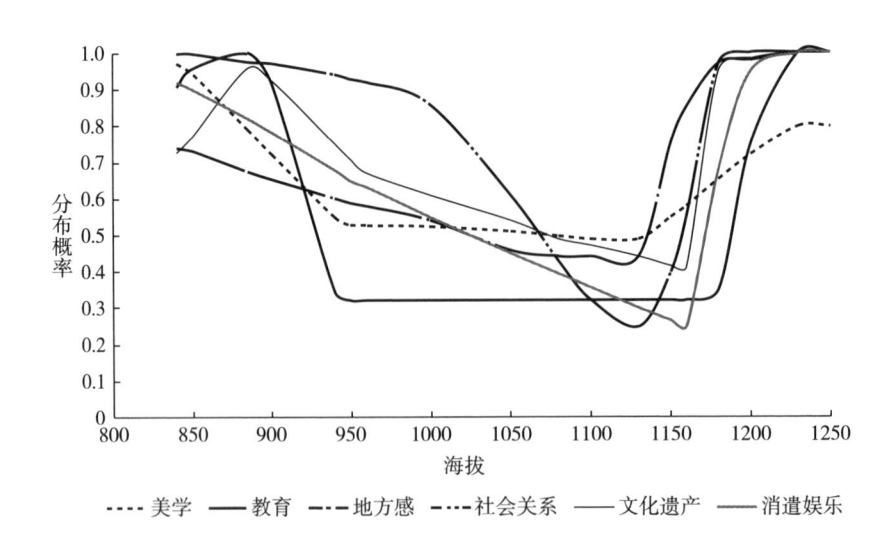

图 4-5　米脂县文化服务需求与海拔的响应曲线

海拔在850—1000米呈缓慢下降的态势，在1000—1130米呈快速下降的态势，在1130—1175米呈快速上升的态势，之后趋于稳定。文化遗产需求分布概率随着海拔的变化在0.4—1.0变化，海拔在850—890米呈上升趋势，在890—1160米呈现不同程度的下降趋势，在1160—1175米呈现快速上升趋势，之后趋于稳定。消遣娱乐需求分布概率随着海拔的变化在0.2—1.0变化，海拔在850—1160米呈下降趋势，在1160—1190米呈快速上升趋势，之后趋于平稳。

图4-6显示，米脂县6类文化服务需求的分布概率随着坡度的变化而变化。其中，美学需求分布概率随着坡度的变化在0.4—0.7变化，坡度在0°—4°呈下降趋势，之后随着坡度的增大而增大。教育需求分布概率随着坡度的变化在0.2—0.4变化，坡度在0°—4°呈上升趋势，在4°—20°呈下降趋势，之后保持平稳，分布概率的区间和变化率进一步说明坡度对教育需求的影响不大。地方感需求分布概率随着坡度的变化在0.4—1.0变化，坡度在0°—4°呈下降趋势，之后随着坡度的增大而增大，分布概率区间和变化率进一步说明坡度对地方感需求的影响较大。社会关系需求分布概率随着坡度的变化在0.6—1.0变化，且与坡度呈负相关关系，坡度越大，社会关系需求分布概率越小，

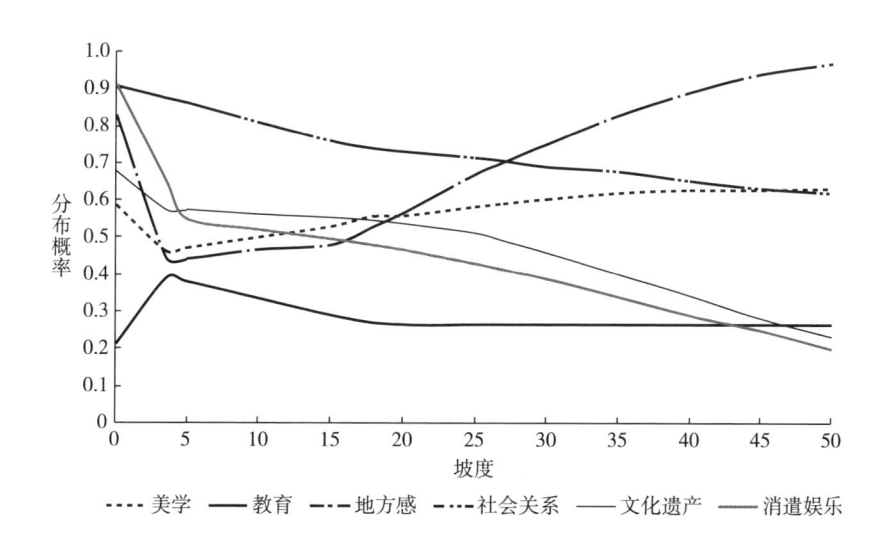

图4-6　米脂县文化服务需求与坡度的响应曲线

这与居民社会关系主要集中于坡度较小的建成环境相一致。文化遗产需求分布概率随着坡度的变化在 0.2—0.7 变化，也与坡度呈负相关关系，坡度在 0°—4°呈快速下降的趋势，之后下降缓慢，这也与文化遗产多以文化景观呈现，并分布于坡度较小的区域相一致。消遣娱乐需求分布概率随着坡度的变化在 0.2—1.0 变化，也与坡度呈负相关关系，坡度在 0°—5°呈快速下降的趋势，之后下降速度变缓，这与米脂县居民的消遣娱乐多位于坡度较小的公园、文化广场有关。

图 4-7 显示，米脂县 6 类文化服务需求的分布概率随着坡向的变化而变化。其中，美学需求分布概率随着坡向的变化在 0.0—0.8 变化，坡向在 0—275 即由顺时针方向从北—东北—东—东南—南—西南变化时呈下降趋势，在 275—340 即从西—西北方向变化时呈上升趋势，在 340—350 即从西北—北又呈下降趋势。教育需求分布概率随着坡向的变化在 0.0—0.9 变化，坡向在 0—40 和 325—350 即为朝北方向时呈上升趋势，在其余朝向时保持平稳状态。地方感需求分布概率随着坡向的变化在 0.3—0.5 变化，坡向在 0—20 即朝北方向时呈下降趋势，在 20—175，即顺时针方向从东北—东—东南—南变化时呈上升趋势，在 175—350 即从南—西南—西—西北—北变化时呈下降趋势，但整体上变化速率较小，进一步说明坡向对地方感需求分布概率的影响较小。社会关系需求分布概率随着坡向的变化在 0.1—0.8 变化，坡向在 0—120 即顺时针方向从北—东北—东—东南化时呈上升趋势，在 120—175 即从东南—南变化时达到峰值并保持平稳，之后又呈现下降趋势。文化遗产需求分布概率随着坡向的变化在 0.1—0.7 变化，坡向在 0—20 即朝北方向时呈下降趋势，在 20—340 即顺时针方向从东北—东—东南—南—西南—西—西北变化时呈缓慢上升趋势，在 340—350 即朝北方向时又呈快速下降趋势。消遣娱乐需求分布概率随着坡向的变化在 0.4—0.5 变化，坡向在 0—20 即朝北方向时呈缓慢下降趋势，在 20—110 即顺时针方向从东北—东—东南变化时呈缓慢上升的趋势，其余朝向呈缓慢下降趋势，变化速率一直较小，进一步说明坡向对消遣娱乐需求分布概率的影响不大。

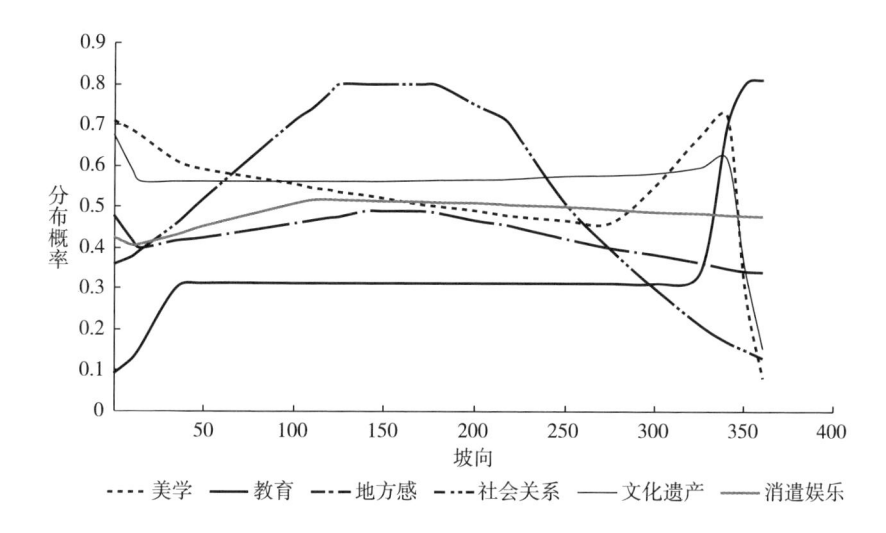

图 4-7　米脂县文化服务需求与坡向的响应曲线

第五节　本章小结

本章根据文化服务需求的内涵，从居民对文化服务的重要性感知和空间制图两个方面分析米脂县文化服务需求。通过问卷调查获取当地居民对文化服务的重要性感知以此来表征他们的文化服务需求，通过地图式参与方法获取文化服务需求的分布点数据，并通过 Maxent 模型分析米脂县文化服务需求的空间分布及其与环境变量之间的关系。得出如下结论：

（1）从重要性感知来看，米脂县居民对社会关系、地方感、美学、消遣娱乐、教育和文化遗产服务的重要性感知依次降低，居民对不同类型文化服务重要性感知等级占比由非常重要到非常不重要逐渐降低，说明米脂县居民能意识到文化服务的重要性，对多种类型的文化服务有较高的需求。从多样化感知结果来看，米脂县居民对窑洞景观提供的文化服务的多样化感知最强，林草地和梯田次之，寺庙较弱，文化广场和水域最弱。

（2）Maxent 模型对 6 种文化服务分布模型的平均训练集 AUC 值

为0.773，表明模型对米脂县文化服务需求空间分布的模拟结果具有较高的可信度。从空间分布的模拟结果看，6类文化服务的空间分布既有相似性又有差异性，教育需求呈现中部高东西低的空间格局，美学、地方感、社会关系、文化遗产和消遣娱乐均呈现在地势低平的米脂县中部河谷和东西两侧侵蚀沟道地区需求较高，在东西两侧的山地丘陵地区需求较低的空间格局，地方感在米脂县东部西北—东南走向的丘陵冠顶出现高需求区，而社会关系、文化遗产和消遣娱乐在这一区域出现低需求区。文化服务需求综合水平呈现由中部及东西两侧地势较低的河谷地区向外围地势较高的区域逐渐降低的空间格局，并与多种类型的文化服务需求空间分布具有一致性。

（3）从环境变量对文化服务需求空间分布的影响来看，海拔对6类文化服务需求的空间分布均有较大的影响，其次是土地利用类型对美学、地方感、文化遗产和消遣娱乐4类文化服务需求空间分布有较大影响，第三是坡向对美学、教育、社会关系和文化遗产4类文化服务需求空间分布有较大影响，最后是坡度对地方感和消遣娱乐2类文化服务需求空间分布有较大影响。另外，随着环境变量参数的变化，各类文化服务需求分布概率变化也有明显差异。

第五章　生态系统文化服务供需匹配及权衡协同

米脂县是黄土高原主要的生态脆弱区和经济贫困区，近几十年来人类对生态系统的强烈依赖和高强度的人类活动加剧了生态系统的脆弱性，而随着社会经济的发展，人们对文化服务的需求会不断增加。文化服务的供需空间分异分析，可为文化服务的科学管理提供定量化信息，是确保文化服务可持续供给和改善人类福祉等政策和措施制定的前提。另外，文化服务类型的多样性、空间分布的异质性及人类需求的差异性导致文化服务之间形成了复杂的权衡与协同关系，文化服务的权衡与协同研究已经成为生态系统服务研究的重要内容（冉凤维等，2019；巩杰等，2020）。因此，开展米脂县文化服务供需匹配及权衡协同研究对该区域的可持续发展具有重要意义。文化服务供给和需求的研究在国内尚不成熟，供需空间异质性的刻画是其关键和难点所在。当前文化服务的空间制图多集中在国家等大尺度，这将会在一定程度上制约生态系统服务研究在小尺度的应用。本章基于前两章对村庄尺度米脂县6类文化服务的供给和需求进行计算和空间制图的结果，引入基尼系数和供需系数分析了文化服务的供需匹配状态，并采用统计分析和双变量空间自相关分析研究了供给侧和需求侧文化服务之间在数值上和空间上的权衡协同关系。

第一节　研究方法

一　供需系数和基尼系数

基尼系数是意大利经济学家基尼（Gini）在1922年根据洛伦兹曲

线提出的用来反映国民收入分配差距和社会分配不平等程度的重要指标，在国际上得到广泛应用，最近已经被引入生态环境领域（张音波等，2008）。基尼系数的本质是分析指标分配的均衡情况，鉴于文化服务供需不均衡问题与经济收入的分配问题原理相似，本书借鉴已有研究（吴健生等，2020），尝试将基尼系数运用到文化服务供需匹配的研究中，分别以文化服务供给和需求的累计占比代替基尼系数中的收入和人口累计占比，采用洛伦兹曲线直观表达一定比例的文化服务供给与需求的适应关系，并计算不同类型文化服务的基尼系数，衡量整个米脂县不同类型文化服务供需的空间匹配状态。

本书核算了米脂县村庄尺度6类文化服务的供给和需求，为更进一步地判别村庄在占一定比例文化服务需求的情况下，其供给贡献率的大小是否占相应的比例，借鉴钟晓青等（2008）定义的"绿色负担系数"公式，构建文化服务供需系数，用以衡量各村庄单元文化服务供需匹配状态。计算之前，采用极大值标准化方法对供需结果进行无量纲化。文化服务供需系数的计算公式为：

$$CESSD_{i,j} = \frac{CES\_supply_{i,j} / \sum CES\_supply_j}{CES\_demand_{i,j} / \sum CES\_demand_j} \quad (5.1)$$

式中，$CESSD_{i,j}$、$CES\_supply_{i,j}$、$CES\_demand_{i,j}$ 分别表示第 i 个村庄第 j 类文化服务的供需系数、供给、需求；$\sum CES\_supply_j$、$\sum CES\_demand_j$ 分别表示米脂县所有村庄第 j 类文化服务供给指数和需求指数的和。若 $CESSD_{i,j}=1$，则表明村庄文化服务供给和需求占整个米脂县供给和需求的比例相对应，供需在空间上呈现相对匹配的状态；若 $CESSD_{i,j}>1$ 或 $CESSD_{i,j}<1$，则表明村庄文化服务供给的贡献率大于或小于需求的贡献率，供需在空间上呈现不匹配状态，$CESSD_{i,j}$ 与1的差距越大，不匹配状态就越严重。

随后，绘制文化服务供需洛伦兹曲线和计算基尼系数。首先，对不同类型文化服务供需系数按照升序排列，计算各村庄文化服务供给和需求的累计百分比，得到由文化服务供需累计百分比构成的散点曲线图表示文化服务供需洛伦兹曲线。其次计算曲线下面积进而得到文化服务的基尼系数（黄和平，2012）。曲线下面积的计算公式为：

$$B = \frac{1}{2}\sum_{i=0}^{n-1}(X_{i+1}-X_i)(Y_{i+1}+Y_i) \quad (5.2)$$

式中，B 表示曲线下面积；X_i 表示需求累计百分比；Y_i 表示供给累计百分比；i 表示第 i 个村庄且 $i=1, 2, \cdots, n$。基尼系数的计算公式为：

$$Gini = 1 - 2B = 1 - \sum_{i=0}^{n-1}(X_{i+1}-X_i)(Y_{i+1}+Y_i) \quad (5.3)$$

式中，$Gini$ 表示基尼系数，当 $Gini<0.2$ 时，说明文化服务供需高度匹配；当 $0.2<Gini<0.3$ 时，说明文化服务供需相对匹配；当 $0.3\leqslant Gini<0.4$ 时，说明比较合理；当 $0.4\leqslant Gini<0.5$ 时，说明偏差较大；当 $Gini\geqslant 0.5$ 时，说明高度不匹配。按照基尼系数的国际惯例，0.4 为供需是否匹配的"警戒线"。

二　统计分析

相关分析是不同类型生态系统服务之间权衡协同关系研究中常用的统计分析方法之一。本书采用 SPSS16.0 软件中的 Spearman 秩相关分析方法识别 6 类文化服务供给之间及其需求之间在数值上的权衡与协同关系，当两种服务供给或两种服务需求的相关系数为正值且通过 0.05 的显著性检验时，表明两种服务供给或需求之间的关系为协同关系，相反，当相关系数为负值且通过 0.05 的显著性检验时，表明两种服务供给或需求之间的关系为权衡关系（戴路炜等，2020）。

三　双变量空间自相关分析

相关分析可以快速识别不同类型文化服务之间的权衡协同关系，但无法揭示其空间异质性（巩杰等，2020）。双变量空间自相关能揭示多个变量之间在空间上的相关性，即揭示空间单元上某一属性值与邻近空间单元上其他属性值之间的相关性（雷金睿等，2019）。借鉴已有研究（钱彩云等，2018；王川等，2019），本书使用 GeoDa 软件中的双变量局部莫兰指数（Bivariate Local Moran's I）对文化服务供给与需求进行双变量空间自相关分析，该方法不仅能从数值上反映各类文化服务之间的权衡与协同关系，还能从空间上表示文化服务权衡与协同空间单元的集聚情况。计算结果中，高高集聚和低低集聚表示协同关系，高低集聚和低高集聚表示权衡关系。计算公式为（刘立程等，2019）：

$$LISA_i = \frac{1}{n}\frac{(x_i - \bar{x})}{\sum_i (x_i - \bar{x})^2} \sum_j w_{ij}(x_i - \bar{x}) \tag{5.4}$$

式中，$LISA$ 表示空间单元的集聚程度，$LISA>0$ 表示空间单元为高高集聚或低低集聚，$LISA<0$ 表示空间单元为高低集聚或低高集聚；w_{ij} 表示单元 i 和单元 j 之间的空间权重矩阵；x_i 表示单元的属性值；$\bar{x}$ 为全部属性值的均值；n 为研究单元的总个数。

第二节 生态系统文化服务的供需匹配

一 不同类型生态系统文化服务的供需匹配状况

采用公式（5.3）计算米脂县 6 类文化服务的基尼系数，采用公式（5.1）计算米脂县各村 6 类文化服务的供需系数，参考已有研究（吴健生等，2020）对供需系数进行分类，其中，供需系数小于 0.75 表示村庄呈现低供给高需求状态，供需系数在 0.75—1.25 为供需相对匹配状态，供需系数大于 1.25 为高供给低需求状态。米脂县各类文化服务的洛伦兹曲线和对应的基尼系数，如图 5-1 所示。

由图 5-1 可知，美学、教育、地方感、社会关系和消遣娱乐 5 类文化服务的基尼系数分别为 0.182、0.152、0.185、0.194 和 0.155，均小于 0.2，这表明米脂县的这几类文化服务的一定比例的供给与相似比例的需求相适应，说明米脂县这几类服务的供需总体上呈现高度匹配的状态。文化遗产服务的基尼系数为 0.346，说明米脂县该类文化服务的供需匹配状态总体上处于较合理的范围内。总之，对于整个米脂县来说，6 类文化服务的供需匹配状态均没有超越"警戒线"。

为了明确米脂县各村庄的各类文化服务在空间上的供需匹配状况，需要进一步分析各类型文化服务的供需空间匹配状态。美学服务的供需匹配状态空间异质性明显。其中高供给低需求的村庄占比最多为 39.59%，多为各乡镇的周边村庄，这些村庄由于人口流失严重，

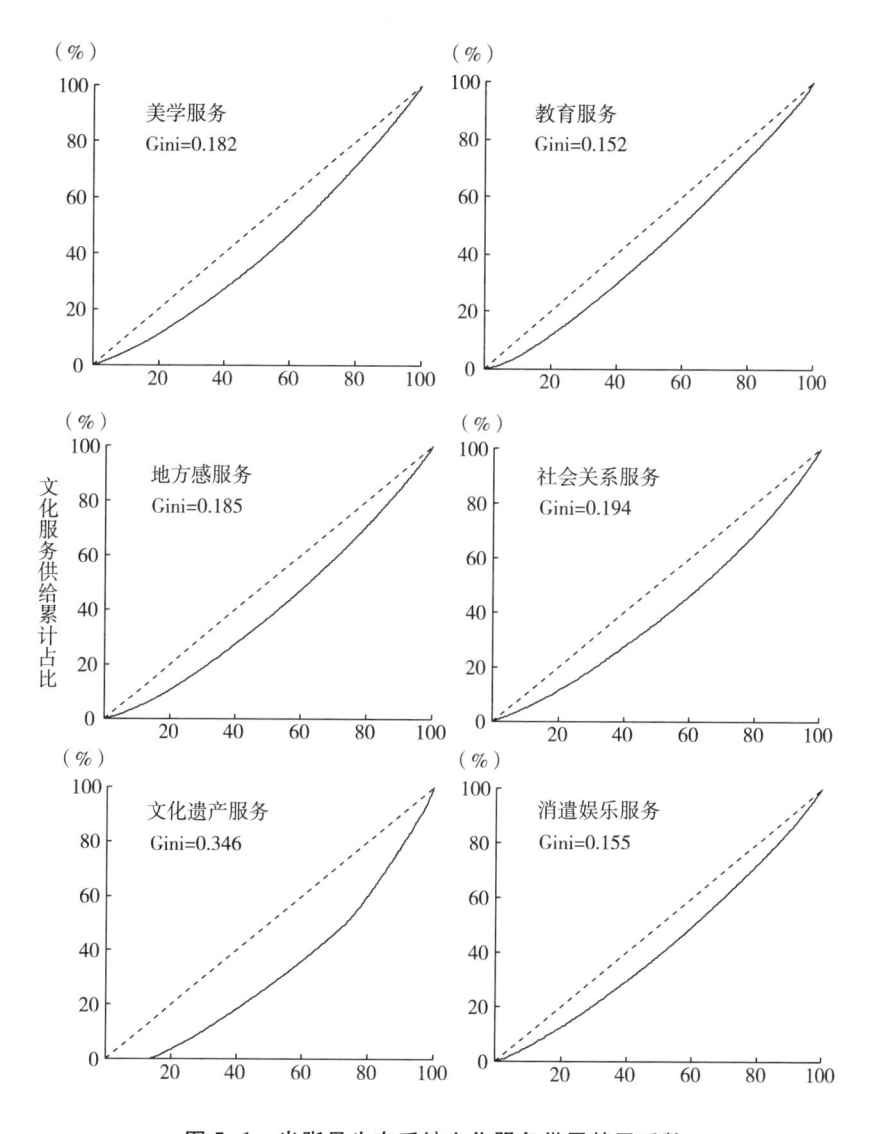

图 5-1　米脂县生态系统文化服务供需基尼系数

人类活动强度下降，景观的连通度提高，美学服务供给较高，而由于处于地域边缘，本地人口和外来游客均较少，所以需求较低。其次是供需相对匹配的村庄占比为 35.79%，在西北部的龙镇、南部的十里铺乡、东北的沙家店镇和东部的桥河岔乡分布较多，这些村庄的美学服务供给在全县的占比约等于或略高于需求占比，处于较为均衡的美学服务供需位置中。最后是低供给高需求的村庄占比最少为24.62%，在米脂县西部的石沟镇、中部的银州镇和东部的各乡镇均有分布，这类村庄行政面积大，人口相对较多，建设用地占比大，降低了植被覆盖度和景观连接度，美学服务供给存在不可持续的风险。

教育服务的供需匹配状态空间异质性也较为显著。其中供需相对均衡的村庄占比最多达到一半以上为54.31%，在米脂县东部的分布多于西部，尤其是在米脂县东部边缘呈西北—东南走向的相连的乡镇有大面积分布，他们是李站乡、沙家店镇、印斗镇、桃镇、姬家岔乡。这类村庄的教育服务供给占全县的比例与需求占比相当，值得注意的是，这些村庄位于米脂县边缘，人口较少也是其供需相对匹配的原因之一，也就是说他们中大部分村庄可能处于一种低供给低需求的匹配状态。其次是高供给低需求的占比较多为36.55%，多为米脂县中部河谷两侧的村庄，分别为西部生态发展区和东部现代农业发展区，其生态保护和农耕文明的教育意义突出，教育服务供给处于可持续状态。低供给高需求的占比最少为9.14%，主要位于无定河沿线的河谷地区，即龙镇的东部边缘及银州镇和十里铺乡的中部，这些村庄在城镇化进程中对教育服务需求增加的速度超过了服务的供给潜力，造成了供需不匹配现象。还有另外乡镇的10个村庄，他们是郭兴庄的阳石圪村和贺家沟村、李站乡的冯家阳圪村和冯家寨则村、沙家店镇的常元则村、张坪村和郝家墕村、印斗镇的常家渠村、桥河岔乡的水草沟村，姬家岔乡的乔家圪台村。这些村庄的退耕还林面积占比均值为33.25%，远低于全县的均值52.79%，其生态保护教育服务需要进一步提升。

地方感服务的供需匹配状态空间异质性也较为显著。其中供需相对均衡的村庄占比最多达到一半以上为56.35%，主要在西南的石沟镇和东南部内侧的高渠乡、桥河岔乡和杨家沟镇分布集中。这些乡镇具有距离县城较近的地理优势，依托原有的农业基础和区位优势大力发展生态农业和现代农业，三田面积保持稳定，由于人口流失相对县域外围地区较少，窑洞景观也保存完好，因此地方感服务供给能满足当前的需求。其次是高供给低需求的村庄占比较多为25.63%，主要位于米脂县西北的郭兴庄乡和龙镇，以及东部的外围乡镇，这些乡镇由于对生态恢复措施的积极响应，三田面积也较多，但与中部城镇地区相比，人口较少，需求较低。在未来发展中，应避免由于人口流失造成的窑洞景观衰败、三田撂荒现象进而导致地方感服务供给向不可持续方向发展。低供给高需求的村庄占比最少为18.02%，一部分集中于米脂县中部的银州镇和十里铺乡，这些村庄城镇化和经济发展速度较快，传统民居窑洞逐渐被高楼大厦替代，三田面积较周边以农业为主的乡镇少，人们对这种寄托乡愁的景观较为渴望，因而造成地方感服务供给不足的状态产生。另一部分位于一些乡镇的边缘村庄，这类村庄由于区位优势不明显且自然环境恶劣，人口流失现象严重，三田和窑洞景观都有不同程度的衰败，使得地方感服务供给不可持续。

社会关系服务的供需匹配状态空间异质性也较为显著。其中供需相对均衡的村庄占比最多为47.97%，主要集中分布于研究区中部，这些村庄具有毗邻县城的区位优势，且多位于东西两侧延伸的河谷地区，居民点较为密集，容易受到城镇地区的辐射也容易发挥邻里之间的互助性质，其外缘型和内生型社会关系供给潜力都较大，与现有的社会需求相匹配。其次是高供给低需求的村庄占比较多为34.77%，主要在米脂县西部的龙镇和石沟镇的西南地区以及在东部外围乡镇与其内侧乡镇的交界之处呈西北—东南走向的连片分布。这些村庄距离县城相对较近，外缘型社会关系供给潜力较高，同时受复杂地形地貌的影响，内生性社会关系供给潜力较低，但由于人口不是十分密集，需求相对较少，因此，总体上处于供需匹配状态。低供给高需求的村庄占比最少为17.26%，主要位于研究区边缘，其中边缘乡镇石沟镇、杨家沟镇以及米脂县东部内侧的乡镇包括高渠乡和桥河岔乡均不存在此类型的村庄。这一类型的村庄到县城距离较远，受城镇化和社会经济发展影响较小，与城镇地区的物质、信息等交换不频繁，随着年轻人口的外流，常住人口逐渐减少，外缘型社会关系本身供给潜力不足，加上内生型社会关系供给潜力逐渐下降，因此，总体上供给出现了社会关系服务供给不能满足需求的不匹配状态。

文化遗产服务的供需匹配状态空间异质性也较为显著。其中供需相对均衡的村庄占比最多为47.21%，在各乡镇的内部分布较多，边缘地区也有分布，这些村庄的文化遗产除寺庙景观外无其他古建古迹，人们也普遍认为历史悠久的寺庙景观属于文化遗产范畴，应该被保存，所以以寺庙景观为主的文化遗产服务供需相对匹配。其次是高供给低需求的占比较多为27.41%，在空间上呈插花式分布，有一部分为古建古迹丰富的村庄如银州镇的镇子湾村和北街村，这些村庄有窑洞庄园、窑洞古城和李自成行宫等古建古迹能满足人们对文化遗产的需求。另一部分为寺庙景观丰富的村庄，这些村庄由于历史原因，有3—4座寺庙景观，其个数和面积高于其他村庄使得文化遗产服务供给潜力较大，如石沟镇的庙塌村有龙王庙、老爷庙、三皇庙和大神庙4座，总共面积达100平方米。低供给高需求的占比最少为25.38%，但却是6类文化服务中这一类型占比最多的服务。主要位于研究区中部和外围，中部城镇地区虽然是文化遗产分布较为密集的地区，但是其人口密集且人们对文化遗产的重要性具有较高的意识，需求也高，因此，发生供给不能满足需求的不匹配状况，政府应该加大对县域其他具有文化遗产村庄的宣传，让其承担一部分需求，减少城镇地区的压力。位于外围的村庄古建古迹较少，仅有的寺庙景观也可能因为人口流失经久失修而逐渐消失，有的受暴雨冲击直接遭到破坏，因此文化遗产服务供给潜力较低。

消遣娱乐服务的供需匹配状态空间异质性也较为显著。其中供需相对均衡的村庄占比高于其他5类服务，达到61.93%，集中分布于米脂县无定河东西两侧的乡镇和东部的外围乡镇，呈大斑块连续分布的空间格局。由于米脂县基础设施尤其是道路建设的不断完善，居民点到各类景观的距离和景观到主干道的距离缩短，从可达性层面来讲，各村消遣娱乐服务供给潜力相当，居民由于消遣娱乐意识不高或由于忙于生计进行消遣娱乐的空闲时间较少，对消遣娱乐服务的需求也差异不大，因此，这些村庄表现出消遣娱乐服务供需相对匹配的状态，但实际上可能需要进一步发挥消遣娱乐服务的供给同时提高人们的需求。其次是高供给低需求的村庄占比较大为23.10%，为米脂县西北角的郭兴庄乡的大部分村庄和龙镇西南部的村庄，以及东部外围乡镇和内侧乡镇交界处呈西北—东南走向的丘陵冠顶的村庄。这些村庄消遣娱乐服务供给与其他村庄相当但由于人口稀疏对该服务的需求较低，形成了暂时的供需空间不匹配格局。低供给高需求的村庄占比最少为14.97%，在中部的银州镇和十里铺乡最为集中，该区域消遣娱乐服务供需不匹配状态主要是由于处于城镇的人口对这一服务的意识较高，而且具有较多的时间进行消遣娱乐，即需求较高而使得供给不能满足日益增长的需求所致。

二 生态系统文化服务的供需匹配状况

采用公式（5.3）计算米脂县文化服务供需综合水平的基尼系数，采用公式（5.1）计算米脂县文化服务供需综合水平的供需系数（见图5-2），与不同类型文化服务供需系数的分类方法一致，将文化服务供需综合水平分为低供给高需求、供需相对匹配和高供给低需求3类。

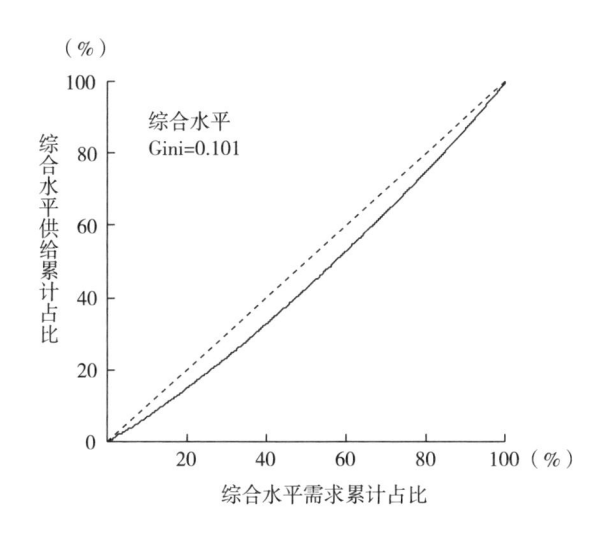

图5-2 米脂县生态系统文化服务供需综合水平匹配状态

由图5-2可知，文化服务综合水平的基尼系数为0.101，小于0.2，这表明米脂县文化服务的一定比例的供给综合水平与相似比例的需求综合水平相适应，说明米脂县文化服务的供需综合水平总体上呈现高度匹配的状态。

为了明确米脂县各村庄的文化服务在空间上的供需综合水平的匹配状况，需要进一步分析文化服务供需综合水平的空间匹配状态。文化服务服务供需综合水平的匹配状态空间异质性明显。其中，综合水平供需相对匹配的村庄占比最多为48.48%，在米脂县东西两侧的乡镇均有大斑块分布。这些村庄大多具有良好的生态系统本底，需要进行生态系统管理和规划使各类文化服务供给保持可持续且稳定的水平，尽管文化服务综合水平的供需匹配处于均衡状态，有利于区域的可持续发展，但仍要关注部分子类文化服务供需的不匹配，避免这些村庄在发展过程中对文化服务需求的增长导致对资源的过度消耗。

高供给低需求的占比较多为36.04%，位于米脂县西部各乡镇的西南部和东部各乡镇的交界处。这些村庄位于米脂县西部的山地丘陵地区及东部呈西北—东南走向的丘陵顶部，这类村庄的文化服务供给在全县中占比较高而需求占比较低，甚至其供给具有一定的弹性可以抗衡对文化服务日益增长的需求，这可能是由于他们受地形地貌的限制居民点稀疏，较少的人口对生态系统资源的利用程度低于其他村庄，造成了暂时的文化服务供需不匹配状态。这些村庄可在确保文化服务可持续供给的基础上，与低供给高需求的村庄加强合作，发挥区域文化服务的供给优势，适当加大对当地文化服务的需求，使米脂县内部文化服务供需的空间匹配格局趋于均衡。

低供给高需求的占比较少为15.48%，包括银州镇、十里铺乡的大部分村庄以及米脂县外围的个别村庄。这些村庄一部分位于米脂县中部川道地势低平、交通便利的城镇地区，城市化水平和经济发展程度均较高，受人口增多和建设用地扩张的双重影响使得各类文化服务需求增加而供给减少，因此，这些村庄文化服务供给综合水平在全县的占比小于需求占比，处于不可持续的状态。这些村庄应该在追求经济效益的同时关注生态和社会效益，还应该与全县其他高供给低需求的村庄探索高效的合作机制，弥补文化服务供给不足带来的负面影响。另一部分位于乡镇的边缘，这一类村庄由于距离县城较远，地缘优势欠佳，对生态系统的依赖强度大，造成短期内生态恢复困难，文化服务供给较低，随着人类对文化服务需求的增加，其供需矛盾会持续突出,因此,这类村庄应该降低人类活动对生态系统的干扰,走可持续生计道路。

第三节 生态系统文化服务的供给权衡

一 生态系统文化服务供给的权衡关系

以村庄单元为基础,将不同类型文化服务的供给值导入 SPSS 中进行双变量相关性分析,选择 Spearman 秩相关分析方法计算 2000 年和 2018 年两种文化服务供给之间的相关性(见表 5-1、表 5-2)。相关性结果表明:2000 年,米脂县美学服务供给与消遣娱乐服务供给为正相关,呈现互相增益的协同关系(相关系数为 0.475),这可以解释为,美学服务供给是由自然度和景观质量表征的,消遣娱乐更加取决于景观的可达性,自然度和景观质量较高且距离居民点较近的区域也会有较高的消遣娱乐供给潜力。教育服务供给与地方感和消遣娱乐服务供给为负相关,呈现此消彼长的权衡关系(相关系数分别为-0.887 和-0.142)。社会关系服务供给和消遣娱乐服务供给为正相关,呈现协同关系(相关系数为 0.267),这是因为研究区为乡村地域系统,人们日常生活中的消遣娱乐多为在文化广场锻炼、在村头街道闲谈、在窑洞聊天打牌等,这些活动都是多个人集聚在一起进行的,在这过程中人与人之间的社会关系会加强。

2018 年,保持不变的是美学、社会关系服务供给与消遣娱乐服务供给之间的关系,依然呈协同关系,但协同关系在变弱(相关系数分别为 0.258 和 0.180)。教育服务供给和地方感服务供给依然呈现较强的权衡关系(相关系数为-0.838),这可能是由于教育服务供给较高的村庄或因退耕还林面积占比较大,生态保护教育意义高,或因有爱国主义教育基地,爱国主义教育意义高,但同时也会产生劳动力剩余造成的人口流失和外来游客到来冲击地方传统文化的现象,进而降低了地方感服务的供给潜力。除此之外,教育服务供给与社会关系服务供给由关系不明显转变为协同关系(相关系数为 0.175),这可能由于传统文化教育意义的传承会增强社区凝聚力,进而加强内生型的社会关系,爱国主义教育意义加强了社区内部与外来游客之间的联系,增强了外缘型的社会关系。地方感服务供给与社会关系服务供给由关系不明显转变为权衡关系(相关系数为-0.229),这可以解释为,三田面积占比和地均窑洞面积是影响地方感服务供给的重要因素,而这两者的增加意味着村庄发展过程中利益博弈现象的增多,如果利益攸关方之间难以协调,将严重影响良好社会关系的发展。

表 5-1　　2000 年米脂县生态系统文化服务供给的相关关系

文化服务	美学	教育	地方感	社会关系	文化遗产	消遣娱乐
美学	1.000					
教育	-0.082	1.000				
地方感	0.022	-0.887**	1.000			
社会关系	0.082	-0.037	0.030	1.000		
文化遗产	-0.027	-0.049	0.096	-0.059	1.000	
消遣娱乐	0.475**	-0.142**	0.073	0.267**	-0.036	1.000

注:** 表示在 0.01 水平(双侧)上显著相关。

表 5-2　　2018 年米脂县生态系统文化服务供给的相关关系

文化服务	美学	教育	地方感	社会关系	文化遗产	消遣娱乐
美学	1.000					
教育	0.023	1.000				
地方感	-0.159**	-0.838**	1.000			
社会关系	0.007	0.175**	-0.229**	1.000		
文化遗产	-0.160**	0.067	-0.006	-0.029	1.000	
消遣娱乐	0.258**	-0.070	0.000	0.180**	-0.019	1.000

注:** 表示在 0.01 水平(双侧)上显著相关。

二 生态系统文化服务供给的空间权衡

为了了解米脂县不同类型文化服务供给在空间上的权衡与协同关系,本书以村庄为研究单元,将各类文化服务的供给值关联到米脂县村庄的矢量图层中,将该图层导入 GeoDA 软件,通过 Weight 工具条建立空间权重矩阵,选择常用的 Rook Contiguity 空间邻接矩阵,接着在 Space 工具条进行不同类型文化服务双变量局部空间自相关分析,得到 2000 年和 2018 年两种文化服务供给之间的空间权衡与协同结果,显著性均大于 99%。

2000—2018 年,米脂县 6 类文化服务供给之间的权衡与协同关系的空间异质性明显。具体表现为:

(1) Aest-Edu:2000 年美学和教育服务供给的协同区域占比为 15.23%,在各个乡镇均有零散分布,在西北边缘及银州镇和十里铺乡的交界处表现为高高集聚的协同,在其余乡镇尤其是东部地区表现为低低集聚的协同。权衡区域占比为 20.05%,在西北—东南走向的中部河谷地区表现为低高集聚,在东南丘陵乡镇有大斑块高低集聚的村庄分布。2018 年协同区域占比上升为 15.74%,空间分布与 2000 年相似,权衡的区域占比下降为 14.97%,这主要是由于低高集聚的村庄减少引起的,在城镇化发展迅速的银州镇和十里铺乡有大量减少。

(2) Aest-SP:2000 年美学和地方感服务供给的协同区域占比为 18.53%,在地势低平的河谷地区包括西北边缘的郭兴庄乡和龙镇及中部的银州镇和十里铺乡表现为高高集聚,在龙镇、石沟镇、印斗镇、桃镇、桥河岔乡、李站乡、高渠乡和杨家沟镇的一些村庄表现为低低集聚。权衡区域占比为 16.75%,在高高集聚的村庄外侧表现为低高集聚,在中部和南部各乡镇的部分村庄表现为高低集聚。2018 年,协同区域的占比下降为 9.14%,表现为西北的郭兴庄乡、龙镇,北部的李站乡、沙家店镇,东部的桥河岔乡和桃镇有零星的高高集聚的村庄,在银州镇及其相邻的龙镇、石沟镇和十里铺乡有部分低低集聚的村庄。权衡区域的占比上升为 17.01%,表现为在北部的李站乡和沙家店镇有大斑块分布,在西北的郭兴庄乡和东部的桥河岔乡、桃镇和姬家岔乡有少量分布的低高集聚村庄，在与地势低平的河谷相邻的地区如郭兴庄乡和龙镇的北部边缘、石沟镇的北部、银州镇外围和十里铺乡的中部分布的高低集聚的村庄。

（3）Aest-SR：研究期间美学与社会关系服务供给的权衡协同关系在村庄数量上有略微变化，在空间上保持相似的分布格局。2000年和2018年，协同区域占比分别为27.16%和25.89%，表现为在中部的银州镇和十里铺乡及向外延伸的石沟镇、高渠乡和桥河岔乡的高高集聚，在东西部和北部边缘的低低集聚。权衡的区域占比分别为21.32%和19.29%，表现为高高集聚村庄外侧的低高集聚，这一类型的村庄在石沟镇有减少的趋势，同时在银州镇和十里铺乡有所扩张，以及低低集聚村庄的外侧高低集聚。

（4）Aest-Cult：2000年和2018年，美学和文化遗产服务供给的协同区域占比分别为18.53%和13.71%，主要分布于中部河谷地区和西南、东南的山地丘陵地区，由于随着城镇化的发展中部美学服务供给降低，高高集聚的村庄在银州镇大量减少。权衡的区域占比分别为16.75%和17.01%，在中部河谷地区表现为低高集聚，在东西部山地丘陵表现为高低集聚。

（5）Aest-Recr：2000年美学和消遣娱乐服务供给的协同区域占比为29.44%，在西北的郭兴庄乡和龙镇、中部的银州镇和十里铺乡表现为高高集聚，在北部边缘和东南部有大面积的低低集聚村庄。权衡区域占比为16.75%，在高高集聚的外侧有低高集聚的村庄分布，在东南部低低集聚的大斑块内部夹杂着少量高低集聚的村庄。2018年，协同的区域占比减少为20.05%，西北部、中部高高集聚和东南部低低集聚的村庄大量减少，在银州镇、十里铺乡和相邻的桥河岔乡增加了低低集聚的村庄。权衡的区域占比上升为12.44%，变化较大的是高渠乡西部出现了大斑块的低高集聚的村庄，这说明乡村旅游兴起以来，高渠乡通过发展现代农业和生态农业使得消遣娱乐服务潜力得到提高，但同时说明其美学服务供给需要加强。

（6）Edu-SP：2000年教育和地方感服务供给的协同区域占比仅为3.81%，零散地分布于李站乡、龙镇、银州镇、十里铺乡、高渠乡、李站乡、沙家店镇和桥河岔乡。权衡的区域占比为 14.97%，低高集聚的村庄分布于中部、北部和东部边缘，高低集聚的村庄在西北部和东部的高渠乡、印斗镇分布较为集中。2018 年协同区域占比上升为 6.09%，依然分布较为零散，在东南部的乡镇无分布。权衡的区域占比上升为 20.05%，主要是低高集聚的村庄占比增加，大面积分布于北部的李站乡和沙家店镇以及西北和东南边缘，高低集聚的村庄转移到银州镇、石沟镇和十里铺乡。

（7）Edu-SR：研究期间教育与社会关系服务供给的权衡协同关系在空间表现上较为一致。2000 年和 2018 年协同区域占比分别为 23.10% 和 27.41%，表现为在银州镇及其外围乡镇如石沟镇、十里铺乡、高渠乡和桥河岔乡的高高集聚的村庄，以及米脂县东西部和北部边缘的低低集聚村庄，但值得注意的是低低集聚的村庄在北部和西北有所增加。权衡区域占比分别为 25.38% 和 17.77%，表现为中部核心区域低高集聚的村庄减少和西北、北部外围高低集聚的村庄向低低集聚村庄的转变。

（8）Edu-Cult：研究期间教育和文化遗产服务供给的权衡与协同关系不明显。2000 年和 2018 年协同区域占比仅分别为 5.84% 和 4.57%，高高集聚的村庄由在西北边缘、中部、东部均有较少分布转变为仅在东部有较少分布，低低集聚的村庄由在中部零星分布转变为在研究区外围零散分布。权衡区域的占比分别为 7.11% 和 5.84%，低高集聚的村庄由西部、南部向东部转移，高低集聚的村庄由北部边缘和中部向研究区外围转移。

（9）Edu-Recr：研究期间教育和消遣娱乐服务供给的权衡与协同关系空间分布变化较大。2000 年和 2018 年协同区域占比分别为 19.29% 和 18.02%，随着生态农业和乡村旅游的发展，高高集聚的村庄由主要位于区位条件优越的中西部的郭兴庄乡、龙镇、石沟镇、银州镇和十里铺乡的边缘，转移到石沟镇和高渠乡两个乡镇。随着乡村基础设施的完善，东南部大面积的低低集聚区大量减少。权衡区域占比分别为 18.02% 和 14.47%，低高集聚的村庄由在中部河谷地区大斑块分布向西北、东部扩散，高低集聚的村庄由在东南部大斑块分布向十里铺乡和银州镇转移。

（10）SP-SR：2000年和2018年地方感和社会关系服务供给协同区域占比分别为25.13%和17.01%，受城镇化的影响中部核心区域的地方感服务供给潜力下降，中部核心地区呈大面积分布的高高集聚的村庄在收缩，研究区外围的低低集聚的村庄数量也逐渐减少。权衡区域占比分别为23.35%和28.17，低高集聚的村庄由分布于高高集聚村庄的外侧向中部核心地区集聚，分布于西部、北部和东南边缘的高低集聚的村庄呈现扩张趋势。

（11）SP-Cult：研究期间米脂县地方感和文化遗产服务供给之间的权衡与协同关系不明显。2000年和2018年协同区域占比分别为9.90%和5.84%，高高集聚的村庄由位于研究区边缘和中部的银州镇向东部高渠乡转移，低低集聚的村庄由在西北的郭兴庄乡和龙镇的交界处大面积分布转变为在研究区外围零散分布。权衡区域占比分别为8.88%和4.57%，低高集聚的村庄由分布于中部的银州镇、高渠乡、桥河岔乡、龙镇转变为东部的李站乡、高渠乡、桥河岔乡和杨家沟镇，高低集聚的村庄由在西北部、东部的高渠乡分布较多转变为零散地分布于西北部和东部的各乡镇外围。

（12）SP-Recr：研究期间地方感和消遣娱乐服务供给的权衡与协同关系空间分布变化明显。2000年和2018年协同区域占比分别为16.75%和11.17%，高高集聚的村庄由在地势低平的郭兴庄乡和龙镇东部及银州镇中部和十里铺乡北部大面积分布转变为后期的数量急剧减少，低低集聚的村庄由东南部向中部的银州镇和十里铺乡转移。权衡区域占比分别为20.56%和21.32%，随着道路建设的加强，消遣娱乐服务供给潜力提高，低高集聚的村庄由在高高集聚村庄的外侧分布向东西两侧的侵蚀河谷地区延伸。高低集聚的村庄由在东南部集中分布向整个研究区外围扩散。

（13）SR-Cult：研究期间米脂县社会关系和文化遗产服务供给之间的权衡与协同空间关系不明显且变化不大。2000年和2018年协同区域占比分别为5.33%和6.85%，高高集聚的村庄在高渠乡分布集中且数量有所增加，低低集聚的村庄一直位于外围乡镇的边缘地区。权衡区域占比分别为 5.33% 和 3.30%，低高集聚的村庄一直零散地分布于龙镇、李站乡、沙家店镇和桃镇的边缘且数量有所减少，高低集聚的村庄为龙镇、石沟镇、银州镇和桥河岔乡的个别村庄，研究后期在石沟镇消失，在沙家店增加。

（14）SR-Recr：研究期间米脂县社会关系和消遣娱乐服务供给之间的权衡与协同空间关系变化明显。2000 年和 2018 年协同区域占比分别为 26.14% 和 18.02%，高高集聚的村庄由在龙镇和石沟镇的东部交界处、中部的银州镇和十里铺乡集中分布，转变为向东西两侧的石沟镇和高渠乡扩展，但中部核心区的数量大量减少。低低集聚的村庄在东南的姬家岔乡、桃镇和杨家沟镇集中分布区数量大量减少，在西北和北部边缘的数量小幅增加。权衡区域占比分别为 11.17% 和 14.47%，低高集聚的村庄空间分布变化不大，位于西北的郭兴庄乡和龙镇的北部，及在沙家店镇和印斗镇有个别分布。高低集聚的村庄由仅在低低集聚的内侧分布转变为向中西部的银州镇、十里铺乡和龙镇扩散，且总数量增加。

（15）Cult-Recr：研究期间米脂县文化遗产和消遣娱乐服务供给之间的权衡与协同空间关系变化也比较明显。2000 年和 2018 年协同区域占比分别为 15.99% 和 13.45%，高高集聚的村庄依然从集中分布于地势低平的中部河谷地区向东西两侧扩散，且数量减少。低低集聚的村庄由仅在东南部分布转变为向研究区外围扩散。权衡区域占比分别为 21.32% 和 19.04%，低高集聚的村庄由在高高集聚村庄的外侧连续分布转变为向东西两侧延伸地分散分布。高低集聚的村庄由在东南部分布较多转变为向中部的十里铺乡和北部边缘的李站乡转移。

第四节　生态系统文化服务的需求权衡

一　生态系统文化服务需求的权衡关系

与文化服务供给侧相关性分析采用同样的步骤，计算米脂县两种文化服务需求之间的相关性（见表 5-3）。相关性结果表明：米脂县 6

类文化服务需求两种之间都通过了显著性水平检验并为正相关,均呈现协同关系。这与已有文献的研究结果一致(Plieninger et al., 2013a; Loc et al., 2018),我们的研究也发现,不同类型的文化服务需求之间呈现正相关关系,这一结果证实了文化服务的"捆绑"现象。在研究区,每年在固定的时间举办"庙会"和"唱戏"活动,可以称为当地的大型盛会。在这种场合,周围村庄的居民,甚至远道而来的游客都会聚集在一起娱乐和消费。这些活动使传统文化得以传承,人们的情感得以表达,人与人之间的关系得以加强。在这种情况下,不同的服务不是孤立存在的,甚至是不可分割地交织在一起的,例如,在庙会活动中,很难确定娱乐活动何时结束,社会关系何时开始。

表 5-3　　　　　　　　米脂县生态系统文化服务需求的相关关系

文化服务	美学	教育	地方感	社会关系	文化遗产	消遣娱乐
美学	1.000					
教育	0.158**	1.000				
地方感	0.247**	0.187**	1.000			
社会关系	0.220**	0.162**	0.281**	1.000		
文化遗产	0.104**	0.152**	0.178**	0.265**	1.000	
消遣娱乐	0.097**	0.150**	0.165**	0.277**	0.362**	1.000

注:**表示在0.01水平(双侧)上显著相关。

二　生态系统文化服务需求的空间权衡

为了了解米脂县不同类型文化服务需求在空间上的权衡与协同关系,本书仍以村庄为研究单元,将各类文化服务的需求值关联到米脂县村庄的矢量图层中,并采用与供给侧相同的方法步骤得到米脂县两种文化服务需求之间的空间权衡与协同结果,显著性均大于99%。

从不同集聚类型的占比来看,两种服务需求之间形成的15种组合均是低低集聚的占比最大,其次是高高集聚的占比较大。低高集聚和高低集聚的占比较小,占比大小也不固定。米脂县6类文化服务需求之间的权衡与协同关系的空间异质性明显,总体上以高高集聚和低低集聚的协同关系为主,两种文化服务需求之间的关系在空间分布上的共性为在米脂县中部河谷地区的龙镇东北角、银州镇和十里铺乡均呈现以高高集聚为主的协同关系。其余类型空间分布的具体表现为:Aest-Edu、Edu-SP 和 Edu-Recr 权衡协同关系的空间表现相似,均为在米脂县西南的龙镇和石沟镇的交界处、东南的桥河岔乡和杨家沟镇的交界处以及桃镇和姬家岔乡的交界处、东北的沙家店镇的东部边缘以及高渠乡和印斗镇的交界处以低低集聚的协同关系为主。Aest-SP 和 SP-Cult 权衡协同关系的空间表现相似,呈现在米脂县西北的郭兴庄乡和龙镇中部,西南的石沟镇边缘,北部的李站乡和沙家店镇中部,西南的桃镇的北部、高渠乡、桥河岔乡、印斗镇、姬家岔乡的边缘及桃镇北部以低低集聚的协同关系为主,另外在西北和东北边缘、东南桃镇、杨家沟镇和姬家岔乡交界的地方出现了低高集聚的权衡关系的村庄。Aest-SR 在米脂县东部、西部和北部形成了三个低低集聚的协同关系的核心区域。Aest-Cult、Edu-Cult、SR-Cult 权衡协同关系的空间表现相似,在中部高高集聚的外围出现个别低高集聚呈权衡关系的村庄,其次是在米脂县西北部的郭兴庄乡、龙镇、石沟镇相连的地方以及在东部呈西北—东南走向的丘陵冠顶地区出现了低低集聚的协同区域。与其他服务空间关系有区别的是,Aest-Recr、Edu-SR、SP-SR、SP-Recr、SR-Recr 和 Cult-Recr 在米脂县东西以低低集聚为主的区域外围或中间包含了个别高低集聚的呈权衡关系的村庄。

形成这种空间格局的原因为米脂县中部川道地区为城镇地区,人口密集,人们对各类文化服务具有较高的意识,需求较高,所以在需求侧形成了高高集聚的协同关系。米脂县东西两侧的低低集聚的斑块和带状区主要为山地丘陵地区,这些地区居民点分散稀疏,与外界联系较弱,对文化服务的需求相对较低,形成了低低集聚的协同关系,随着物质生活的不断丰富,这些村庄应该引导人们丰富精神文明,关注文化服务。高高集聚的外侧村庄由于需求较低,与相邻的高值区形成了低高集聚的权衡区域。低低集聚的区域有个别村庄为地方感服务需求的高值区,因此形成了地方感与其他服务类型呈现高低集聚的权衡区域。

第五节 本章小结

本章首先分别采用基尼系数和供需系数分析了6类文化服务及文化服务综合水平的整体匹配状态及局部的空间匹配状态，其次分别采用统计分析和双变量空间自相关分析揭示了供给侧和需求侧文化服务之间在数值上和空间上的权衡协同关系的体现。得出如下结论：

（1）整体上，米脂县美学、教育、地方感、社会关系、消遣娱乐5类文化服务的供需和文化服务供需综合水平均处于高度匹配的状态，文化遗产服务供需的基尼系数相对较大，但也处于较合理的范围内。局部上，文化服务供需匹配状态空间异质性明显，在空间上可分为供需相对匹配、高供给低需求、低供给高需求三种匹配类型。其中美学服务高供给低需求的村庄占比最多，其余类型服务和综合水平均是供需相对匹配的村庄占比最多，所有类型服务均是低供给高需求的村庄占比最少。就综合水平的供需匹配状态空间分布而言，高供给低需求的村庄位于米脂县西部的山地丘陵地区及东部呈西北—东南走向的丘陵冠顶，低供给高需求的村庄在中部川道地势低平的银州镇、十里铺乡集中分布，在外围自然本底较差的区域有个别村庄分布。

（2）就文化服务供给之间的权衡与协同关系而言，数值上，2000年，美学、社会关系与消遣娱乐为协同关系，教育与地方感和消遣娱乐为权衡关系。2018年，美学、社会关系与消遣娱乐、教育与社会关系为协同关系，地方感与教育和社会关系、美学与地方感和文化遗产为权衡关系。空间上，6类文化服务供给之间的权衡与协同关系的空间异质性和空间变化都十分明显，通过显著性检验的权衡与协同关系的村庄主要分布在中部地势平坦和区位优势明显的地区、东西部的山地丘陵地区及外围地区。

（3）就文化服务需求之间的权衡与协同关系而言，数值上，米脂县6类文化服务需求两两之间都通过了显著性水平检验并为正相关，均呈现协同关系。空间上，6类文化服务需求之间的权衡与协同关系的空间异质性明显,总体上以高高集聚和低低集聚的协同关系为主,两种文化服务需求之间的关系在空间分布上的共性为在米脂县中部河谷地区的龙镇东北角、银州镇和十里铺乡均呈现以高高集聚为主的协同关系,在东西两侧的山地丘陵地区以低低集聚的协同关系为主。权衡关系的村庄占比较少且分布规律不明显。

第六章 生态系统文化服务供需的影响机制

生态系统文化服务供给和需求的变化总是由于人与环境这一耦合系统中不同组成要素的多种相互作用的驱动造成的。文化服务供需的影响因素可以连成各种因果关系链，即一种或多种因素影响另一种或其他多种因素而形成相互连接，各种因素既独立又可以同时产生作用，或者可能会产生综合作用（MA，2005）。充分了解文化服务中生态系统和社会系统的作用机理，有助于准确把握政策采取干预措施的时机和方式。然而，目前已有文献主要侧重分析影响居民文化服务需求的个体社会经济特征和环境因素，忽视了村庄尺度的文化服务供给、社会经济属性与文化服务需求之间的潜在联系及内在机制。另外，村庄的社会经济属性是直接影响文化服务需求还是通过影响文化服务供给而对文化服务需求产生间接影响考虑不足。本章以问卷调查的第一手数据和米脂县的土地利用数据为基础，引入结构方程模型，探讨文化服务供需的影响因素和作用机制。

第一节 研究数据与方法

一 数据来源与处理

本章中的数据主要包含：问卷调查数据、半结构化访谈数据、米脂县 2018 年土地利用数据、NDVI 数据和 DEM 数据、地图式参与模拟结果数据。

（1）问卷调查数据。受访者的个体特征及个体尺度文化服务需求数据源于问卷调查，问卷调查方式同第四章第一节，个体特征包含性别、年龄、受教育水平、家庭人口总数、人均耕地面积、人均居住面积、人均年收入。文化服务需求数据包含受访者对美学、教育、地方感、社会关系、文化遗产、消遣娱乐6类文化服务的重要性感知。这些数据使用Excel软件进行整理。

（2）半结构化访谈数据。村庄的社会经济属性数据通过对各村的村长、会计、书记等关键人物进行半结构化访谈获得，包括总人口、外迁人口数量、享受最低生活保障补助的人口数量、65岁及以上人口、初中学历及以上人口、人均年收入、到乡镇的距离、到县城的距离、互联网普及率。同样使用Excel软件进行整理。

（3）其他数据。村庄尺度文化服务供给指标的数据源于米脂县土地利用数据、NDVI数据和DEM数据，同第三章第一节。村庄尺度文化服务需求数据是采用ArcGIS 10.4软件基于对地图式参与的文化服务需求的空间制图结果进行分区统计获得。

二 理论框架与研究假设

文化服务供给与需求可以归纳为一个概念性结构，指在一定的生态系统、社会经济、政策及文化背景下，作为生态系统的客体如何提供文化服务，以及作为主体的个人对文化服务需求的差异。综合国内外研究，就个体尺度而言，个体的社会经济属性会对其文化服务需求产生影响。就区域尺度而言，区域社会经济属性对文化服务的供给具有约束作用，社会经济属性一方面直接影响居民的文化服务需求，另一方面通过文化服务供给对文化服务需求产生间接影响。另外，就文化服务供给而言，所有的生态系统，包括自然、半自然和人工生态系统，都认为是文化服务的潜在提供者（Baró et al., 2016; Paracchini et al., 2014），这些生态系统的数量和质量可以用来衡量文化服务的供给能力。文化服务作为用户移动相关服务，通常需要在服务受益单元和服务供给单元之间建立空间联系（Costanza, 2008），可达性决定了从服务受益区转移到服务供给区的机会，是空间联系的关键方面，也是衡量文化服务供给的重要方面（Wei et al., 2017）。因此，文化服务供给由供给能力和可达性两个维度构成，供给能力是文化服务供给存在的前提，可达性使文化服务供给的实现成为可能。文化服务供给的这两个维度会分别对文化服务需求产生影响,可达性为供给能力发挥作用提供了可能,因此,可达性也会对文化服务需求产生直接或间接影响。

在已有文献的基础上,结合研究问题,提出文化服务供需影响机制的理论框架(见图6-1):个体的社会经济属性影响个体对文化服务的需求;区域的社会经济属性影响其文化服务供给和文化服务需求;文化服务供给影响文化服务需求。除了这三个直接作用以外,供给能力和文化服务供给分别作为中间变量使得可达性和社会经济属性对文化服务需求产生间接影响。基于该理论框架提出以下研究假设:

H1:社会经济属性对文化服务需求具有正向影响;

H2:社会经济属性对文化服务供给能力具有正向影响;

H3:社会经济属性对文化服务可达性具有正向影响;

H4:文化服务供给能力对文化服务需求具有正向影响;

H5:文化服务可达性对文化服务需求具有正向影响;

H6:文化服务可达性对文化服务供给能力具有正向影响。

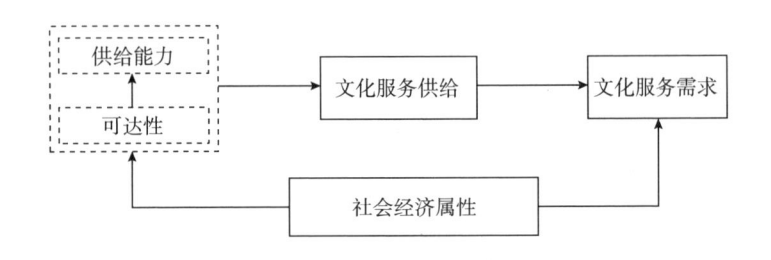

图 6-1 影响因素理论框架

三 影响因素的选取与计算

(一)个体尺度社会经济属性

国内外学者针对个体尺度社会经济属性对文化服务需求的影响已经作了大量的实证研究,参考已有文献,我们共选取了表征个体社会经济属性的 7 个指标,分别是性别、年龄、学历(Martín-López et al., 2012; Ciftcioglu, 2017; Dou et al., 2019)、家庭结构(MA,

2005)、居住条件、收入水平（Beichler，2015；Zhang et al.，2019b；Shi et al.，2020b）。其中，家庭结构采用家庭人口数量表示（曹小曙等，2011），居住条件采用家庭人均居住面积表示，收入水平采用家庭人均年收入表示。另外，米脂县作为农业区域，耕地资源对当地居民尤为重要，可能会影响其对文化服务的需求，选择家庭人均耕地面积表示居民所使用的耕地资源。个体尺度社会经济属性的变量如表6-1所示。

表6-1 个体尺度社会经济属性与态系统文化服务需求的变量

潜变量	编号	观测变量（单位）	潜变量	编号	观测变量
社会经济属性	a1	性别	文化服务需求	Aest	美学服务
	a2	年龄		Edu	教育服务
	a3	学历		SP	地方感服务
	a4	家庭结构		SR	社会关系服务
	a5	人均耕地面积（平方米）		Cult	文化遗产服务
	a6	人均居住面积（平方米）		Recr	消遣娱乐服务
	a7	人均年收入（元）			

（二）村庄尺度社会经济属性

在关注个体社会经济属性对文化服务需求影响的基础上，有学者开始关注区域尺度社会经济属性对文化服务供给和需求的影响。其中，区域人口与生态系统之间具有复杂的相互作用，人口的增长会影响对文化服务的利用，也会增加对文化服务的需求，尤其是对生态系统依赖强度较大的贫困地区，受综合作用的结果可能会增加生态系统的压力。经济增长的分布模式决定了对文化服务的需求特征（MA，2005）。还有研究发现黄土高原的社区贫困会对当地居民的美学服务需求产生影响，并采用村庄享受最低生活保障补助的人口与总人口的比值来表示社区贫困（Shi et al.，2020b）。张行等（2019）的研究表明集体记忆有利于社区文化的维持，并采用外迁人口占比来表征集体记忆。除此之外，一个区域居民的认知水平和接受新事物的速度可能会影响其对文化服务的需求，我们采用村庄初中及以上人口占比表示学历对其认知水平的影响。村庄区位条件能反映其与外界联系的便利程度，也可能影响其对文化服务的获取或认知，选择到最近乡镇和县城的距离表示村庄的区位条件。人们可以通过与室外的环境空间相接触直接获取相关文化服务，也可以通过互联网间接获取文化服务，因此，互联网普及率也就成为影响区域文化服务需求的因素之一。2018年米脂县 60 岁以上人口占比达到 48.65%，根据国际标准，一个地区 60 岁以上人口占比达 10% 或 65 岁以上人口占比达 7% 就意味着该区域处于老龄化社会，因此，米脂县已经处于严重的老龄化社会（UN-DESA，1956），这一客观现实必然会影响到其土地利用或社会经济发展，进而影响文化服务的可持续供给和需求。基于以上说明，我们选择了 9 个村庄尺度的社会经济属性来测量其对文化服务供给和需求可能产生的直接或间接影响，具体观测变量如表 6-2 所示。

表 6-2　　村庄尺度生态系统文化服务供需的影响因素变量

潜变量	编号	观测变量（单位）	潜变量	编号	观测变量（单位）
社会经济属性	x1	人口规模（人）	供给能力	x16	SHDI（%）
	x2	外迁人口占比（%）		x17	景观连接度指数（%）
	x3	社区贫困（%）		x18	景观生态安全指数（%）
	x4	老龄化率（%）		x19	人类活动强度（%）
	x5	初中及以上人口占比（%）	可达性	x20	居民点到景观距离（米）
	x6	人均年收入（元）		x21	景观到主干道距离（米）
	x7	到最近乡镇距离（公里）		x22	道路密度（公里/平方公里）
	x8	到县城距离（公里）		x23	地形位指数（%）
	x9	互联网普及率（%）	文化服务需求	x24	美学服务
供给能力	x10	NDVI（%）（%）		x25	教育服务
	x11	三田面积占比（%）		x26	地方感服务
	x12	水域面积占比（%）		x27	社会关系服务
	x13	风景名胜面积占比（%）		x28	文化遗产服务
	x14	窑洞面积占比（%）		x29	消遣娱乐服务
	x15	文化广场面积（平方米）			

(三) 文化服务供给指标体系构建与计算

指标体系构建：由于不同类型文化服务需求受到当地文化服务供给整体状态的影响，而不是由各类文化服务供给水平所决定，本章构建的指标体系是对米脂县文化服务整体供给水平的表征，以表示该县整体的供给水平对文化服务需求的影响，与第四章各子类文化服务供给指标体系有所差异。本章从供给能力和可达性两个维度构建米脂县文化服务供给的指标体系（见表6-3）。

表6-3　米脂县生态系统文化服务供给评价指标体系

准则层	要素层	指标层（单位）
供给能力	景观数量	植被覆盖度（%）
		三田面积占比（%）
		水域面积占比（%）
		风景名胜面积占比（%）
		地均窑洞面积（%）
		文化广场面积（平方米）
	景观质量	景观多样性指数（%）
		景观连接度指数（%）
		景观生态安全度（%）
		人类活动强度（%）
可达性	内部临近性	居民点到景观的距离（米）
	外部衔接性	景观到主干道的距离（米）
	基础设施	道路密度（公里/平方公里）
	摩擦阻抗	地形位指数（%）

具体地，供给能力包括景观数量和景观质量两个要素层，其中，依据Church等（2014）和Tratalos等（2016）的研究，使用土地利用覆盖率和文化景观的面积表征文化服务供给的景观数量。林草地、水域、农田等乡村景观和风景名胜提供文化服务的能力已经得到诸多研究的证实（Muhamad et al., 2014; Paracchini et al., 2014; He et al., 2019; Zoderer et al., 2019）。米脂县作为典型的黄土丘陵区，生态环

境脆弱，为促进生态恢复，长期以来通过退耕还林还草、建设梯田和坝地等生态措施保障区域粮食生产的稳定和减少水土流失（吕昌河等，2011）。毫无疑问，林草地、梯田、坝地这些景观在研究区除了生态保护作用以外，还具有提供文化服务的潜力。除此之外，窑洞、文化广场也是米脂县提供文化服务的重要景观，其典型性解释同第三章第一节。因此，将耕地、林地、草地、水域、窑洞、风景名胜和文化广场作为米脂县文化服务供给的主要景观，并采用植被覆盖度、"三田"（梯田、坝地、水地）面积占比、水域面积占比、风景名胜面积占比、地均窑洞面积和文化广场面积6个指标来表征景观数量。景观异质性、景观连接度、景观生态安全和人类活动强度都是影响景观质量的重要因素，其中，景观生态安全在景观尺度上反映了人类活动和自然胁迫对生态安全的响应状况（游巍斌等，2011），对一个区域的景观能否发挥文化服务功能具有重要意义。其余景观质量指标的选择说明同第三章第一节。

景观的可达性为文化服务供给能力的发挥提供了机会。已有研究表明居民点到景观的距离能影响居民对文化服务的感知程度（Muhamad et al., 2014），同第三章第一节分别采用村庄内部居民点与景观的距离表达内部临近性，采用景观到主干道的距离表达外部衔接性。另外，可达性通常取决于道路、停车场等设施，通过这些基础设施，人们才能够到达文化服务的供给区（Paracchini et al., 2014），显然，区域基础设施水平对文化服务供给的实现至关重要（Bullock et al., 2018），参考罗雨等（2020）的研究，采用道路密度表达行政村基础设施水平。最后，充分考虑属于黄土丘陵沟壑区的米脂县所具有的复杂地形条件对交通的制约，引入路网摩擦阻抗评价因子反映山区复杂地形条件对路网的阻碍，并用地形位指数表达路网摩擦阻抗（马雪莹等，2016）。基于以上说明，采用居民点到景观的距离、景观到主干道的距离、道路密度和地形位指数4个指标表征文化服务供给的可达性。

指标计算：本章仅对景观生态安全度和地形位指数两个指标的计算作说明，其他指标的计算同第三章第一节。

（1）景观生态安全度。参考游巍斌等（2011）的研究，景观生态安全度的计算公式如下：

$$ES_k = \sum_{i=1}^{n} \frac{A_{ki}}{A_k}(1 - 10 \times E_i \times F_i) \tag{6.1}$$

式中 ES_k 为第 k 个行政村的景观生态安全度指数；n 为土地利用类型数，文中 $n=7$，分别为耕地、林地、草地、居住用地、风景名胜设施用地、水域和未利用地；A_{ki} 为第 k 个行政村内土地利用类型 i 的面积；A_k 为第 k 个行政村的总面积；E_i 为土地利用类型 i 的干扰度；F_i 为土地利用类型 i 的脆弱度。ES_k 值越大，景观质量越高，ES_k 值越小，景观质量越低。其中，干扰度从景观格局角度反映不同景观类型受到的干扰，通过景观的破碎度、分离度和优势度构建景观干扰度指数，公式为：

$$E_i = aC_i + bS_i + cD_i \tag{6.2}$$

式中，C_i 为景观破碎度；S_i 为景观分离度；D_i 为景观优势度；a、b、c 分别为景观破碎度、分离度和优势度的权重，依据重要性分别赋予权重 0.5，0.3 和 0.2。

①景观破碎度公式为：

$$C_i = N_i / A_i \tag{6.3}$$

②景观分离度公式为：

$$S_i = \frac{A}{2A_i}\sqrt{\frac{N_i}{A}} \tag{6.4}$$

③景观优势度公式为：

$$D_i = \frac{Q_i + M_i}{4} + \frac{L_i}{2} \tag{6.5}$$

式中，N_i 为土地利用类型 i 的斑块数；A_i 为土地利用类型 i 的总面积；A 为土地利用总面积；Q_i 为土地利用类型 i 出现的样方数/总样方数；M_i 为土地利用类型 i 的数目/斑块总数；L_i 为土地利用类型 i 的面积/样方的总面积。

景观脆弱度计算参考刘迪等（2020）的研究，通过专家打分法将景观类型脆弱度分为 7 个等级，经求和归一化处理后，脆弱度由低到高分别为：居住用地 0.036，林地 0.071，草地 0.107，风景名胜设施用地 0.143，耕地 0.179，水域 0.214 和未利用地 0.25。

（2）地形位指数。参考马雪莹等（2016）的研究，不同地形对道路的影响程度不同，地形位指数反映地形对道路的阻隔程度。计算公式如下：

$$Te = \log\left[(E/\overline{E}+1)(S/\overline{S}+1)\right] \tag{6.6}$$

式中，Te 为行政村地形位指数；E 为高程/米；S 为坡度/°；$\overline{E}$ 为平均高程/米；$\overline{S}$ 为平均坡度/°。各行政村高程和坡度通过 ArcGIS 10.4 分区统计得到。Te 值越大说明地形对道路的阻隔效应越明显，即摩擦阻抗越大，可达性越差，反之，Te 值越小，可达性越高。

四　结构方程模型

结构方程模型（Structural equation modeling, SEM）出现于 20 世纪 60 年代，是应用统计学的三大进展之一（武文杰等，2010）。SEM 基于变量的协方差矩阵分析变量之间的关系，是一种实用的分析多变量复杂关系的建模工具，分为测量方程和结构方程，其中测量方程主要反映观测变量和潜在变量之间的关系，而结构方程主要反映潜在变量之间的关系并揭示多因子的内在逻辑关系（张文佳等，2008）。SEM 最突出的特点在于验证一些受传统方法如回归模型、Logit 模型和对数模型的局限而无法得到验证的假设，其变量之间呈现出的因果路径能反映变量之间的因果关联，能更有效地解决变量之间的内生性问题，还能探究潜在变量之间的直接效应、间接效应和总效应（陈果，2015；杨文越等，2018）。本书使用的结构方程模型有两种，一种是用于测量个体尺度社会经济属性对文化服务需求影响的模型，该模型只考虑观测变量之间的路径关系，不包含潜在变量，公式为（马静等，2011）：

$$y = By + \Gamma x + \zeta \tag{6.7}$$

式中：y 为内生观测变量组成的向量，在本书中指表 6-1 中的 6 类文化服务需求；x 为外生观测变量组成的向量，在本书中指表 6-1 中的 7 个个体社会经济属性；B 为 6 类文化服务需求间的路径系数矩阵；Γ 为社会经济属性与文化服务需求间的路径系数矩阵；ζ 为结构方程的残差项，反映了 y 在方程中未被解释的部分。

另一种是由测量模型和结构模型组成的测量村庄尺度观测变量与潜变量及潜变量之间的关系的模型，本书中所涉及的观测变量与潜变量如表 6-2 所示。其中，测量模型的公式为（武文杰等，2010）：

$$y = \Lambda_y \eta + \varepsilon \\ x = \Lambda_x \xi + \delta \tag{6.8}$$

式中：η 为内生潜变量；ξ 为标准化后的外生潜变量；Λ_y 为内生潜变量与内生观测变量之间的关系；Λ_x 为外生潜变量与外生观测变量之间的关系；ε 和 δ 为模型的残差项。

结构模型的公式为（武文杰等，2010）：

$$\eta = B\eta + \Gamma\lambda + \lambda \tag{6.9}$$

式中：B 为内生潜变量之间的路径系数矩阵；Γ 为外生潜变量对内生潜变量影响的路径系数矩阵；λ 为 η 的残差项。

第二节 个体尺度生态系统文化服务需求的影响机制

一 模型验证结果与修正

文化服务需求量表的信度和效度检验同第四章第一节，量表信息的信度和效度均能满足研究需求。在个体社会经济属性中，性别和学历为有序多分类变量，其余变量均为连续变量。其中，性别中男性和女性分别赋值为 0 和 1；学历中文盲、小学、初中、高中、大学及以上依次赋值为 0、1、2、3、4。在结构方程模型中均将其视为连续变量进入模型。采用 Amos 22.0 估计个体尺度社会经济属性对米脂县居民文化服务需求的影响，对初始模型进行反复修正和重新估计，得到适配度较高的最终模型。首先，删除影响不显著的路径（$p>0.1$）；其次，根据所提示的修正指标（Modification Indices，M.I.）增加变量之间的路径和残差项之间的共变关系，修正至各拟合指标均符合 SEM 模型的判断标准。个体尺度社会经济属性对文化服务需求影响的 SEM 模型的适配度指标判断标准和结果如表 6-4 所示，全部指标均达到理想状态。

表 6-4　修正后的生态系统文化服务需求结构方程模型拟合度评价标准和评价结果

适配指标	判定标准	修正后拟合值	拟合评价
χ^2/df	<3.00	1.141	理想
拟合优度指数（GFI）	>0.90	0.995	理想
调整拟合优度指数（AGFI）	>0.90	0.985	理想
规范拟合指数（NFI）	>0.90	0.971	理想
比较拟合指数（CFI）	>0.90	0.996	理想
非规范拟合指数（NNFI）	>0.90	0.99	理想
增量拟合指数（IFI）	>0.90	0.996	理想
近似误差均方根（RMSEA）	<0.50	0.011	理想

二　影响路径

图 6-2 展示了米脂县个体社会经济属性对居民文化服务需求的影

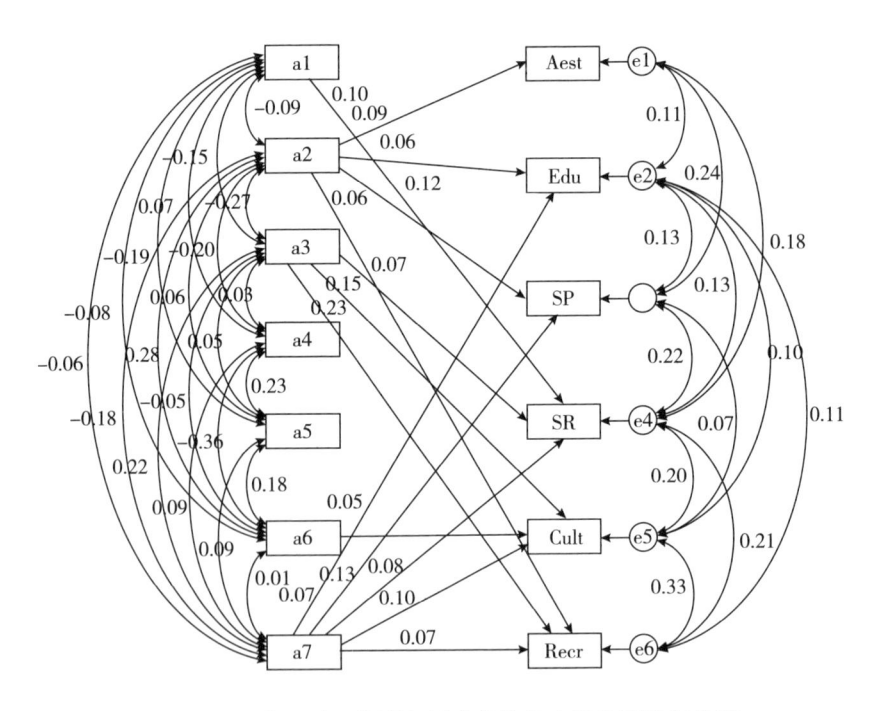

图 6-2　生态系统文化服务需求的结构方程模型路径分析

响路径,表6-5显示了影响系数和显著性值。由表6-5可知,家庭结构和人均耕地面积两个变量对文化服务需求没有显著影响,这一方面说明家庭人口规模的大小与其个人对文化服务的重要性感知无关,另一方面由于研究区居民所拥有的耕地面积源于政府统一分配,相差较小,因此也对他们的感知没有显著影响。其他变量对特定类型的文化服务需求产生了不同的显著影响,具体分析如下。

表6-5 生态系统文化服务需求的结构方程模型路径检验

路径	估计值	S.E.	C.R.	P值
SR<---a1	0.105	0.060	3.689	0.000***
Aest<---a2	0.094	0.002	3.160	0.002***
Edu<---a2	0.061	0.004	1.987	0.047**
SP<---a2	0.117	0.003	3.911	0.000***
Recr<---a2	0.057	0.003	1.980	0.048**
SR<---a3	0.074	0.027	2.460	0.014**
Cult<---a3	0.154	0.042	5.092	0.000***
Recr<---a3	0.235	0.042	7.626	0.000***
Cult<---a6	0.047	0.001	1.670	0.095*
Edu<---a7	0.074	0.000	2.406	0.016**
SP<---a7	0.131	0.000	4.431	0.000***
SR<---a7	0.083	0.000	2.748	0.006***
Cult<---a7	0.101	0.000	3.318	0.000***
Recr<---a7	0.065	0.000	2.153	0.031**

注:***表示在1%显著性水平上显著;**表示在5%显著性水平上显著;*表示在10%显著性水平上显著。

1. 性别对社会关系需求的影响通过了1%的显著性水平检验,这说明女性相较于男性更注重社会关系服务。这不同于已有文献的研究结果,如Beichler(2015)以波罗的海沿岸城市地区为案例地研究表明女性对教育和娱乐服务需求高于男性；Martín-López 等（2012）对伊比利亚半岛 8 个公园的 3379 个样本的分析表明性别对文化服务的需求无显著影响；Ciftcioglu（2017）对塞浦路斯一个小镇为案例地研究表明女性对家庭花园提供的美学服务的需求高于男性。因此，由性别引起文化服务需求的差异可能会受到研究区、样本选择等因素的影响使得研究结果有所不同。在我们的研究区，男性在家庭中占主导地位，往往忙于生计，相对而言，女性有更多的时间处理社会关系，尤其是内生型的邻里关系，故女性更能意识到社会关系服务的重要性。

2. 年龄对美学（估计值 = 0.094，$p<0.01$）、教育（估计值 = 0.061，$p<0.05$）、地方感（估计值 = 0.117，$p<0.01$）、消遣娱乐（估计值 = 0.057，$p<0.05$）服务的需求具有显著的正向影响。这说明受访者年龄越大，越能感知到这些类型文化服务的重要性。如印斗镇马家铺村的任女士（65 岁）陈述"我们村的窑洞、层次梯田、山上的桃树都好看，这里风景好，不像城市有雾霾，环境不好""我们的桃子是出了名的，别人都知道我们村的桃子好吃，但不知道我们的桃树都是经过我们精心管理长大的，要在合适的时间浇水施肥、冬季要保暖，这些管理经验都是一代代人流传下来的，也是值得外面的人学习""从小在这里长大，对这里感情很深厚，我儿子在西安，我不习惯去住""我非常喜欢扭秧歌、跳舞、唱歌等文艺活动，我小时候就是我们村的文艺干事，现在年龄大了，还是喜欢"等。这些都反映了研究区的实际情况，受访对象以当地居民为主，都是土生土长的本地人，年龄越大，对当地生态环境的历史变化、传统农耕文明传承的了解越多，对当地的地方依恋也就越强，因此就更能感知到美学、教育、地方感服务的重要性。消遣娱乐服务需求一方面受个人喜好的影响，另一方面，随着年龄的增大，从事劳动生产的时间会减少，就有更多的时间用来消遣娱乐，这也是年龄与消遣娱乐服务呈正相关的原因之一。

3. 学历对社会关系（估计值 = 0.074，$p<0.05$）、文化遗产（估计值 = 0.154，$p<0.01$）、消遣娱乐（估计值 = 0.235，$p<0.01$）服务的需求具有显著的正向影响。人们对文化服务的看法一方面源于日常生活经验，一方面源于所接受的正规教育。这一研究结果体现了正规

教育在塑造人们对文化服务感知方面的重要性，更多的生态系统知识能强化人们对多种类型文化服务的重视态度（Martín-López et al.，2012）。尤其对于属于生态脆弱区和贫困地区的研究区而言，调研样本中高中及以上受访者仅占比11.46%，这类人群很有可能是当地的社会精英，他们获取信息及与外界的联系更为频繁，更能感知到外缘型社会关系的重要性，同时他们的工作相对于其他受访者而言可能会更加规律，这就给他们进行消遣娱乐活动提供了一定的时间。

4. 人均居住面积对文化遗产（估计值=0.047，$p<0.1$）服务的需求具有显著的正向影响。研究区受访者对文化遗产服务的重要性感知最低，一方面由于文化遗产的概念本身比较抽象，与人们日常生活联系不紧密，另一方面由于宣传力度不够，人们不能很好地感知到文化遗产服务的重要性。就研究区而言，窑洞作为一项固定资产可能会决定个体的身心稳定，而且窑洞景观本身也是一种文化遗产，这很可能成为受访者拥有的窑洞面积越大就越能感知到文化遗产服务重要性的原因之一。

5. 人均年收入对教育（估计值=0.074，$p<0.05$）、地方感（估计值=0.131，$p<0.01$）、社会关系（估计值=0.083，$p<0.01$）、文化遗产（估计值=0.101，$p<0.01$）、消遣娱乐（估计值=0.065，$p<0.05$）服务的需求具有显著的正向影响。这说明个体的收入水平越高，就越能感知到多种类型文化服务的重要性，这与马斯洛需求理论类似，可见，人们对生态系统服务的需求也是分层次、多要素组成的复杂集合。随着经济水平的提高，人们的生活方式逐渐多样化，经历着从生存型需求向发展型需求的转变，对文化服务的关注也会增多。

以上分析可知，个体社会经济属性是文化服务需求差异的内在原因。值得注意的是，除了年龄变量对美学服务需求有影响外，其余个体社会经济属性均对美学服务需求无显著影响，这可以解释为个体在特定的社会中会受到社会化的影响，米脂县居民通过长期的社会化过程，对美学服务形成了同质的价值观（Kenter，2016），他们对当地美学价值的看法同时附带了对居住地的认同和情感。

第三节 村庄尺度生态系统文化服务供需的影响机制

一 模型验证结果与修正

在影响因素理论框架构建和各观测变量、潜在变量选择的基础上，建立了文化服务供需影响因素的初始概念模型（见图6-3），并采用 Amos 22.0 软件中的极大似然估计方法（Maximum Likelihood）进行参数估计，为检验观测变量与潜变量及潜变量之间的效应关系，在输

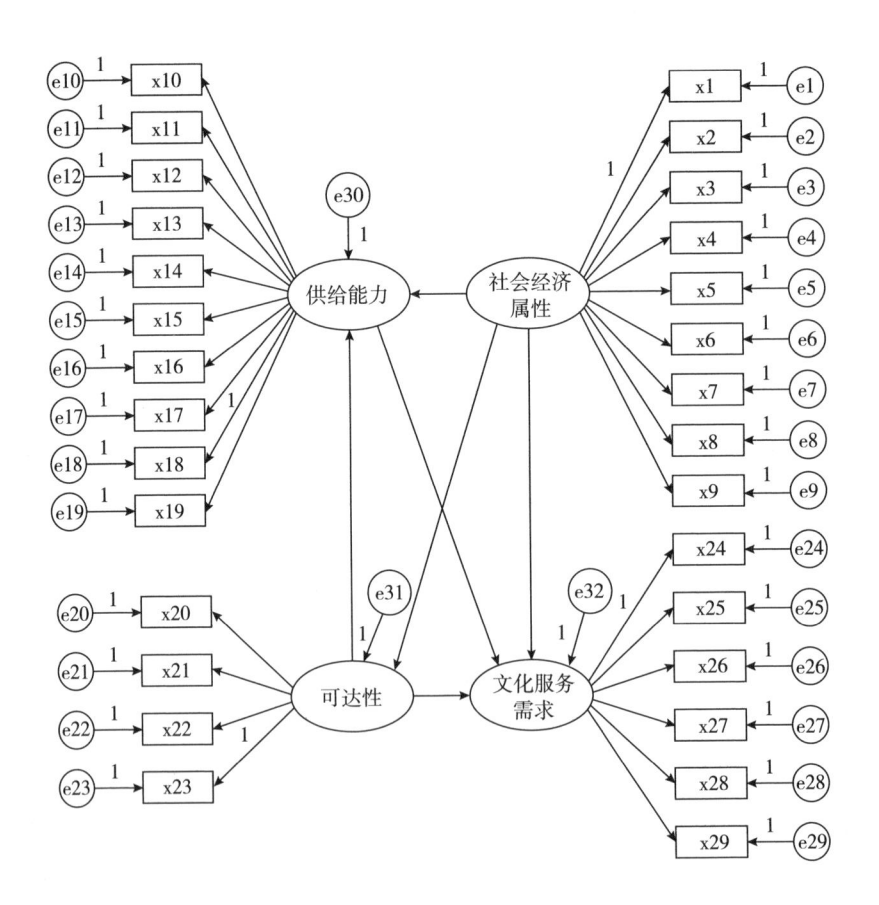

图6-3 生态系统文化服务供需影响因素初始概念模型

出结果中设置显示直接效应、间接效应和总效应,采用 Bollen-Stine Bootstrap 的估计方法将重抽样的样本设置为 2000,并设置显著性水平(杨文越等,2018)。模型共由社会经济属性、供给能力、可达性、文化服务需求 4 个潜在变量和由 x1—x29 表示的 29 个观测变量组成。通过对初始概念模型进行运行发现,有部分路径没有通过显著性水平检验($p>0.1$),他们是 x3、x4、x5、x7、x8、x9、x16、x17、x20,将这些路径删除并逐次检验,参考所提示的修正指标(Modification Indices,M.I.)增加 e10 与 e11、e10 与 e18、e11 与 e19、e11 与 e21、e11 与 e22、e12 与 e19、e18 与 e19、e24 与 e28、e25 与 e28、e28 与 e29 之间的共变关系对模型进行修正,最终得到可接受的拟合标准的结构方程模型,反映拟合度的各项适配度指标均达到可接受或理想状态,结果如表 6-6 所示。

表 6-6　　　　　修正后的生态系统文化服务供需
结构方程模型拟合度评价标准和评价结果

适配指标	判定标准	修正后拟合值	拟合评价
χ^2/df	<3.00	1.776	理想
拟合优度指数(GFI)	>0.80(可接受)	0.829	接受
调整拟合优度指数(AGFI)	>0.70(可接受)	0.760	接受
规范拟合指数(NFI)	>0.80(可接受)	0.833	接受
比较拟合指数(CFI)	>0.90	0.917	理想
非规范拟合指数(NNFI)	>0.80(可接受)	0.895	接受
增量拟合指数(IFI)	>0.90	0.920	理想
近似误差均方根(RMSEA)	<0.50	0.043	理想

二　研究假设验证

修正后的文化服务供需影响因素结构方程模型如图 6-4 所示,将修正后的模型、观测变量与潜变量及潜变量之间的效应关系检验结果与研究假设进行对比发现,6 个研究假设均通过了显著性水平检验(见表 6-7),也就是说 6 个研究假设均成立。由表 6-7 可知,各潜变量之间的效应关系为：村庄社会经济属性对文化服务需求和文化服务供给能力既有直接效应也有间接效应；社会经济属性对文化服务可达性产生直接效应，而无间接效应；文化服务供给能力对其需求产生直接效应，而无间接效应；文化服务可达性对其需求既有直接效应也有间接效应；文化服务可达性对其供给能力产生直接效应，而无间接效应。另外，路径检验可以揭示观测变量的影响作用大小，表6-8为修正后的文化服务供需影响因素结构方程模型的路径检验结果。

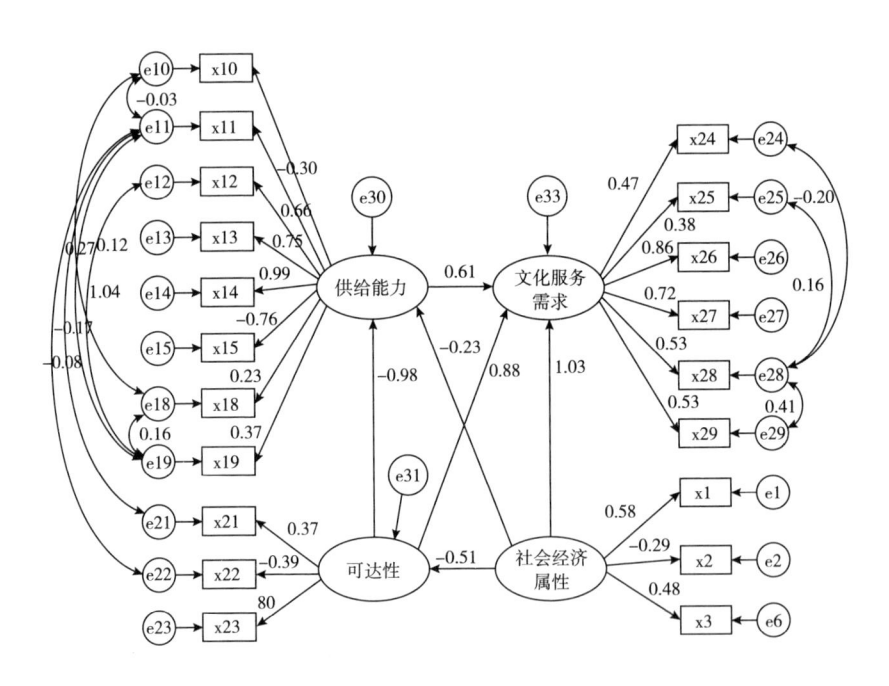

图6-4 修正后的生态系统文化服务供需影响因素结构方程模型

三 模型结果分析

（一）社会经济属性对文化服务需求的影响

由表6-7可知，社会经济属性对文化服务需求的总效应为0.744（$p<0.01$），直接效应为1.027（$p<0.01$），间接效应为-0.283（$p<0.05$），这说明社会经济属性对文化服务需求产生直接的正向影响的同时，还能通过影响文化服务的供给或可达性产生连锁反应，进而对

表6-7 标准化后的生态系统文化服务供需结构方程模型的效应关系

	社会经济属性			可达性			供给能力		
	总效应	直接效应	间接效应	总效应	直接效应	间接效应	总效应	直接效应	间接效应
可达性	-0.509***	-0.509***	—	—	—	—	—	—	—
供给能力	0.265***	-0.233**	0.498***	—	—	—	—	—	—
需求	0.744***	1.027***	-0.283**	0.278**	0.876*	-0.598*	0.611*	0.611*	—
x21	-0.190***	—	-0.190***	0.374**	0.374**	—	—	—	—
x22	0.200***	—	0.200***	-0.393*	-0.393*	—	—	—	—
x23	-0.407***	—	-0.407***	0.800	0.800	—	—	—	—
x29	0.392**	—	0.392**	0.146**	—	0.146**	0.322	—	0.322
x28	0.396***	—	0.396***	0.148**	—	0.148**	0.325	—	0.325
x27	0.537**	—	0.537**	0.200**	—	0.200**	0.441	—	0.441
x26	0.639***	—	0.639***	0.238**	—	0.238**	0.525*	—	0.525*
x25	0.281***	—	0.281***	0.105**	—	0.105**	0.231*	—	0.231*
x24	0.350***	—	0.350***	0.131**	—	0.131**	0.288*	—	0.288*

续表

	社会经济属性			可达性			供给能力		
x6	0.479**	0.479**	—	—	—	—	—	—	—
x2	-0.294**	-0.294**	—	—	—	—	—	—	—
x1	0.578	0.578	—	—	—	—	—	—	—
x10	0.087***	0.087***	—	-0.321**	-0.321**	—	0.328*	0.328*	—
x11	-0.078	-0.078	—	0.289	0.289	—	-0.295	-0.295	—
x12	0.174***	0.174***	—	-0.642**	-0.642**	—	0.656**	0.656**	—
x13	0.199***	0.199***	—	-0.735*	-0.735*	—	0.751	0.751	—
x14	0.263***	0.263***	—	-0.970***	-0.970***	—	0.992*	0.992*	—
x15	0.203***	0.203***	—	-0.747***	-0.747***	—	0.764**	0.764**	—
x18	0.061***	0.061***	—	-0.225***	-0.225***	—	0.230**	0.230**	—
x19	0.258***	0.258***	—	-0.952***	-0.952***	—	0.973**	0.973**	—

注：—表示变量在模型中不存在联系；***表示在1%显著性水平上显著；**表示在5%显著性水平上显著；*表示在10%显著性水平上显著。

表 6-8　修正后的生态系统文化服务供需结构方程模型路径检验

路径	Estimate	S. E.	C. R.	P 值
x1<---社会经济属性	0.578	—	—	—
x2<---社会经济属性	-0.294	0.006	-2.430	0.015**
x6<---社会经济属性	0.479	1.846	3.559	0.000***
x10<---供给能力	0.328	0.001	3.669	0.000***
x11<---供给能力	-0.295	0.124	-3.047	0.002***
x12<---供给能力	0.656	0.010	9.233	0.000***
x13<---供给能力	0.751	0.004	11.750	0.000***
x14<---供给能力	0.992	0.026	38.515	0.000***
x15<---供给能力	0.764	7.195	12.176	0.000***
x18<---供给能力	0.230	0.002	2.527	0.012**
x19<---供给能力	0.973	—	—	—
x21<---可达性	0.374	1.567	3.723	0.000***
x22<---可达性	-0.393	3.072	-3.923	0.000***
x23<---可达性	0.800	—	—	—

注：***表示在1%显著性水平上显著；**表示在5%显著性水平上显著。

文化服务需求产生间接的负向影响。就不同类型的文化服务需求而言，社会经济属性对6种类型的文化服务需求均产生了显著的间接影响，影响由大到小一次为：地方感服务需求（间接效应=0.639，$p<0.01$）、社会关系服务需求（间接效应=0.537，$p<0.05$）、文化遗产服务需求（间接效应=0.396，$p<0.01$）、消遣娱乐服务需求（间接效应=0.392，$p<0.05$）、美学服务需求（间接效应=0.350，$p<0.01$）和教育服务需求（间接效应=0.281，$p<0.01$）。

为了分析特定社会经济属性的观测变量对特定类型文化服务需求的影响，进一步作了社会经济属性对文化服务需求影响的路径分析，结果如图6-5和表6-9所示。该模型的修正后的卡方值（Chi-square）为43.086，自由度（Degrees of freedom）为31，卡方值和自由度的比值为1.390，各项拟合指标或达到可接受标准或达到理想标准，最终模型较好。

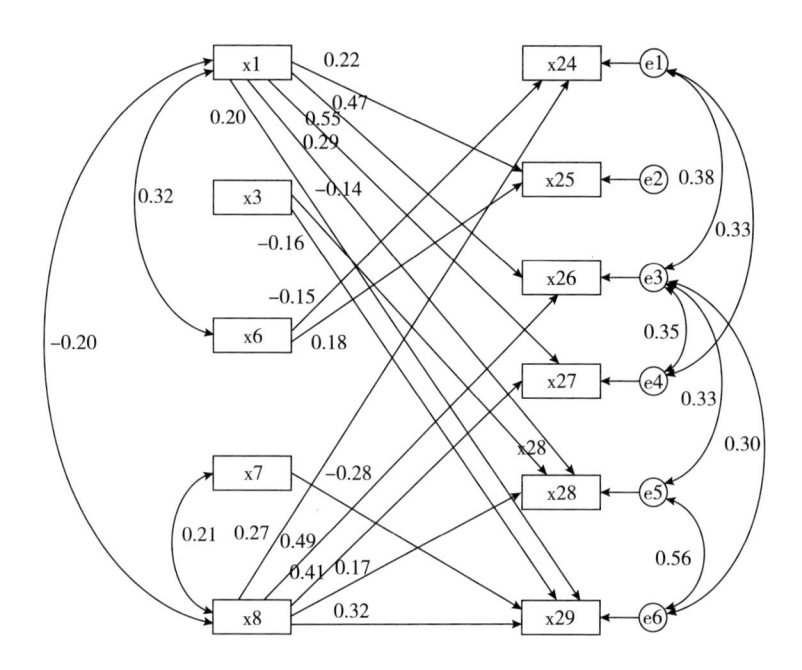

图 6-5 修正后的社会经济属性对文化服务需求影响的路径分析

表 6-9 修正后的社会经济属性对文化服务需求影响的路径检验

路径	Estimate	S. E.	C. R.	P 值
x25<---x1	0.217	0.000	2.324	0.020**
x26<---x1	0.475	0.000	6.756	0.000***
x27<---x1	0.553	0.000	7.779	0.000***
x28<---x1	0.288	0.000	3.206	0.001***
x29<---x1	0.197	0.000	2.279	0.023**
x28<---x3	-0.141	0.013	-1.723	0.085*
x29<---x3	-0.158	0.013	-1.982	0.047**
x24<---x6	0.153	0.000	1.904	0.057*
x25<---x6	0.184	0.000	1.967	0.049**
x29<---x7	-0.284	0.008	-4.011	0.000***

续表

路径	Estimate	S.E.	C.R.	P值
x28<---x8	0.174	0.006	1.937	0.053*
x27<---x8	0.410	0.005	5.487	0.000***
x26<---x8	0.490	0.004	6.497	0.000***
x24<---x8	0.269	0.004	3.018	0.003***

注：-表示潜在变量在模型中不存在联系；***表示在1%显著性水平上显著；**表示在5%显著性水平上显著；*表示在10%显著性水平上显著。

由表6-9可知，外迁人口占比、老龄化率、初中以上人口占比和互联网普及率4个社会经济属性对6类文化服务需求均无显著性影响。这可能是这些指标在研究区的村庄之间差异较小的原因，如外迁人口占比≥10%的村庄占比达到了71.30%，老龄化率≥7%即属于老龄化社会的村庄占比为89.56%，初中以上人口占比≥10%的村庄占比为91.30%，互联网普及率≥50%的村庄占比达68.70%。其余5个指标人口规模、社区贫困、人均年收入、到最近乡镇的距离、到县城的距离对特定类型文化服务的需求具有显著影响，具体分析如下。

1. 人口变量是决定对各种文化服务需求的关键驱动力，村庄人口规模对教育（估计值=0.217，$p<0.05$）、地方感（估计值=0.475，$p<0.01$）、社会关系（估计值=0.553，$p<0.01$）、文化遗产（估计值=0.288，$p<0.01$）、消遣娱乐（估计值=0.197，$p<0.05$）服务需求均有显著正向影响。这说明人口越多的村庄对这些类型的文化服务需求就越高。实地调研发现，①在美丽乡村建设过程中，人口较多的村庄率先修建文化广场，可供人们锻炼身体、下象棋、跳广场舞等，通过这些休闲娱乐活动也同时增强了人们之间的社会关系。②人口较多的村庄退耕还林面积也相应比较大，人们更能够感受到生态恢复措施带来的环境保护收益，更能感知到环境保护教育意义的重要性。③米脂县的文化遗产在人口密集的城镇地区分布较为集中，这可能是人口规模对文化遗产服务需求产生正向影响的重要原因。④人口规模较大的村庄更容易传承庙会等文化活动，寺庙景观也保存完好，通过庙

会文化活动能增强村庄的凝聚力，提高社会关系，所以也就更能意识到文化遗产服务的重要性。

2. 社区贫困对文化遗产（估计值=-0.141，$p<0.1$）和消遣娱乐（估计值=-0.158，$p<0.05$）服务需求具有显著的负向影响，这说明村庄接受最低生活保障补助的人数占比每增加1%，该村庄对文化遗产和消遣娱乐服务的需求就会分别降低14.1%和15.8%。实地调研发现，除个别纳入国家级、省级、市级、县级等不同级别的文化遗产名录的物质和非物质文化遗产外，大部分村庄的文化遗产以窑洞、寺庙等文化景观为主，而当地的寺庙景观都是村民自发筹资修缮，对于贫困程度较高的村庄而言，可能因为对传统文化景观的修缮不及时而导致文化遗产服务的缺失。

3. 村庄人均年收入对美学（估计值=0.153，$p<0.1$）和教育（估计值=0.184，$p<0.05$）服务的需求具有显著的正向影响，这说明经济发展水平较高的村庄的居民更容易关注到美学和教育服务的重要性。但人均年收入对其他类型文化服务的需求没有显著影响，这可以解释为不同的文化背景下参与市场经济的程度不同，会影响经济水平在这些类型文化服务需求中的作用（Aguado et al.，2018）。

4. 到最近乡镇的距离对消遣娱乐（估计值=-0.284，$p<0.01$）服务需求具有显著负向影响。这说明到最近乡镇的距离越远，人们对消遣娱乐服务的需求越低。这是因为位于乡镇边缘的村庄区位条件差，人们对生态系统的依赖强，日常生活更多地忙于生计而很少顾及消遣娱乐。

5. 到县城的距离对美学（估计值=0.269，$p<0.01$）、地方感（估计值=0.490，$p<0.01$）、社会关系（估计值=0.410，$p<0.01$）、文化遗产（估计值=0.174，$p<0.1$）服务需求均有显著正向影响。这充分说明了文化服务对于乡村居民的重要性，事实上，在城市居民的认知上，人类福祉与维持生命的生态系统是脱节的，他们将生态系统视为城市特质的外部因素。相反，生态系统是农村居民赖以生存的环境，他们的福祉更多地与生态系统紧密相连，从而能够高度感知到更加多样化的文化服务（Martín-López et al.，2012；Aguado et al.，

2018)。

上述分析可见,村庄的社会经济属性不同,居民对不同类型文化服务的重要性感知和需求就会有明显差异,表明社会经济属性是文化服务需求的驱动力。

(二) 社会经济属性对供给能力和可达性的影响

由表 6-7 可知,就潜变量而言,社会经济属性对文化服务供给能力的总效应为 0.265 ($p<0.01$),直接效应为 -0.233 ($p<0.05$),间接效应为 0.498 ($p<0.01$),这说明社会经济属性对文化服务供给能力有负向的直接影响,但通过影响可达性还会对文化服务供给能力产生正向的间接影响。社会经济属性对可达性的总效应(直接效应)为 -0.509 ($p<0.01$),没有间接效应。就观测变量而言,在各个社会经济属性中,外迁人口占比和人均年收入 2 个观测变量通过了显著性水平检验,说明这两个因素对文化服务的供给能力和可达性影响最大。具体地,社会经济属性对供给能力中的景观数量和景观质量均有显著性影响,其中,景观数量中除三田面积占比外,其余观测变量均通过了显著性水平检验且全部为正向影响,影响程度从大到小依次为窑洞面积占比(估计值 = 0.263,$p<0.01$)、文化广场面积(估计值 = 0.203,$p<0.01$)、风景名胜面积占比(估计值 = 0.199,$p<0.01$)、水域面积占比(估计值 = 0.174,$p<0.01$)、植被覆盖度(估计值 = 0.087,$p<0.01$)。景观质量中,对景观异质性和景观连接度指数没有显著影响,对人类活动强度的影响最大(估计值 = 0.258,$p<0.01$),其次是景观生态安全指数(估计值 = 0.061,$p<0.01$)。社会经济属性对可达性中居民点到景观的距离影响不显著,对地形起伏度(估计值 = -0.407,$p<0.01$)有显著的负向影响,其次是对道路密度(估计值 = 0.200,$p<0.01$)有正向影响,最后是对景观到道路的距离(估计值 = -0.190,$p<0.01$)产生负向影响。

(三) 供给能力对文化服务需求的影响

由表 6-7 可知,就潜变量而言,供给能力对文化服务需求的总效应(直接效应)为 0.611 ($p<0.1$),没有间接效应。就观测变量而言,供给能力中 6 个观测变量通过显著性检验且对文化服务需求的影

响由大到小依次为：窑洞面积占比（估计值=0.992，$p<0.1$）、人类活动强度（估计值=0.973，$p<0.05$）、文化广场面积（估计值=0.764，$p<0.05$）、水域面积占比（估计值=0.656，$p<0.05$）、植被覆盖度（估计值=0.328，$p<0.1$）、景观生态安全指数（估计值=0.230，$p<0.05$）。这些因素对美学（估计值=0.288，$p<0.1$）、教育（估计值=0.231，$p<0.1$）、地方感（估计值=0.525，$p<0.1$）3种类型的文化服务需求通过间接效应产生显著影响。这可以解释为这3种类型的文化服务与人们的直接体验密切相关，如美学的视觉体验、生态恢复工程带来的环境保护的教育意义、对当地的地方认同和依恋，当地的景观环境以及人们对这些景观的数量和质量的直接体验在这些服务需求中扮演了重要角色。

（四）可达性对文化服务需求和供给能力的影响

由表6-7可知，就潜变量而言，可达性对文化服务需求的总效应为0.278（$p<0.05$），直接效应为0.876（$p<0.1$），间接效应为-0.598（$p<0.1$），这说明可达性对文化服务需求有正向的直接影响，但通过影响供给能力还会对文化服务需求产生负向的间接影响。可达性对其供给能力的总效应（直接效应）为-0.979（$p<0.01$），没有间接效应。就观测变量而言，在各个可达性指标中，道路密度和景观到道路的距离2个观测变量通过了显著性水平检验，说明这两个因素对文化服务需求和供给能力的影响最大。可达性对6类文化服务需求均产生显著的正向影响，影响程度由大到小依次为：地方感（估计值=0.238，$p<0.05$）、社会关系（估计值=0.200，$p<0.05$）、文化遗产（估计值=0.148，$p<0.05$）、消遣娱乐（估计值=0.146，$p<0.05$）、美学（估计值=0.131，$p<0.05$）、教育（估计值=0.131，$p<0.05$）。可达性对供给能力的部分观测变量产生了显著的负向影响，影响程度由大到小依次为：窑洞面积占比（估计值=-0.970，$p<0.01$）、人类活动强度（估计值=-0.952，$p<0.01$）、文化广场面积（估计值=-0.747，$p<0.05$）、风景名胜面积占比（估计值=-0.735，$p<0.1$）、水域面积占比（估计值=-0.642，$p<0.05$）、植被覆盖度（估计值=-0.321，$p<0.05$）、景观生态安全指数（估计值=-0.225，$p<$

0.01)。这说明可达性越高,人们越容易与各类景观直接接触就越能够意识到多样化的文化服务的重要性,但同时可达性较高区域的景观容易受到人类干扰而使得供给能力下降。

总体来说,文化服务的供给能力是基本条件。土地利用是文化服务供给的空间载体,土地利用方式影响着生态系统的类型、面积和空间分布(魏慧等,2017),不同的土地利用方式提供的文化服务的类型和数量有所差异,土地利用格局及其变化直接影响区域生态系统提供文化服务的能力和人类的需求,进而间接影响着区域的文化服务供需关系。就米脂县而言,林草地、水域、窑洞、文化广场具有较高的文化服务供给能力,同时对文化服务的需求也具有显著影响。另外,土地利用结构和状态会对景观产生破碎化作用或改变景观连接度,从而影响生态系统的结构和功能,改变文化服务的供给(李睿倩等,2020)。米脂县景观多样性指数和景观连接度指数对文化服务需求没有显著影响,但景观生态安全指数和人类活动强度对文化服务的需求有显著影响。

可达性是关键的空间连接变量。可达性决定了文化服务从供给区到需求区的机会,被用来有效地揭示人们有没有充分的机会到达供给的地方。从居住区到供给区的距离、道路网络都是表征可达性的重要变量。对米脂县村庄尺度的研究发现,居民点到景观的距离对文化服务供给和需求没有显著影响,在村庄的日常生活中,居民与距离较近的景观之间的关系比较紧密,受传统文化的影响,对距离较远的景观形成了一种自觉保护的意识。景观到道路的距离和道路密度对文化服务的供给和需求有显著影响,这两个指标反映了村庄层面的可达性水平的差异对文化服务供需的影响。

社会经济属性是重要的驱动力。驱动力是直接或间接导致生态系统发生变化的各种因素,人口、经济、社会政治、科学技术和文化都是影响文化服务供需发生变化的重要驱动力(MA,2005)。社会经济属性会直接影响文化服务需求,如米脂县村庄的人口规模、社区贫困、人均年收入、到最近乡镇的距离、到县城的距离对特定类型的文化服务需求具有直接影响,充分说明了人口、经济、区位条件这些社会经济属性对文化服务需求的影响。另外，米脂县各村庄的人均年收入和外迁人口占比会直接影响文化服务的供给能力和可达性进而间接影响文化服务需求。米脂县394个村庄的平均外迁人口占比为17.17%，人口流失引发的"空心化""老弱化"会促进土地撂荒、景观衰败、基础设施破旧等问题，也可能对乡村社会关系、文化认同、传统农耕文化造成冲击。了解文化服务供需变化的驱动力可以提高积极影响并降低消极影响的限度。

主体需求是内在动因。人口既是文化服务供给改变的主体也是文化服务需求的主体，在文化服务可持续供需中发挥着重要作用。人口变量中，不同性别、年龄、学历的人口对生态系统的依赖和利用程度不同，对文化服务的需求也不尽相同。随着城镇化的发展，米脂县农村居民的生产生活方式不断发生转变，农民的生计多样化水平提高，逐渐由以农业生产为主转为以务工或兼业为主。活动主体的变化进一步导致米脂县土地利用功能的变化，进而影响文化服务的供给。随着农民物质生活水平的不断提高，及国家繁荣乡村文化、丰富乡村文化生活等价值观的引领和推进，农民的精神文明生活将不断丰富，对文化服务的需求也会增强。因此，只有关注差异化主体生产生活方式的变化才能实现乡村社会活力的恢复和经济生态文化的可持续发展。

第四节　生态系统文化服务可持续管理对策

人们的生存离不开所依赖的生态系统及其所提供的服务，20世纪以来，人类为了满足生存需求对生态系统改变的规模和速度超过了历史上任何一个时期。在联合国的千年生态系统评估中，有60%的生态系统服务正处于退化或者不可持续利用的状态，其中，包括70%的调节服务和文化服务。合理的政策和措施有助于扭转生态系统退化的趋势并增强其对人类福祉的贡献。为了可持续地保护、恢复和利用生态系统及其服务，人们必须采取许多相应的措施，包括把生态系统服务纳入到决策当中。文化服务已经被公认为是解释人类与生态系统关系的最新方式,如何科学、准确、合理地评价文化服务,如何加强文化服务的研究结果与生态系统管理决策和政策制定的结合,进而协同生态系统和社会经济发展之间的关系是国际生态学研究的热点和难点。越来越多的国家和科学家意识到将文化服务运用于规划和管理的必要性,将文化服务纳入土地利用规划、景观规划和生态系统管理是文化服务研究的终极目标。米脂县生态系统脆弱与社会经济发展需求的矛盾一直存在。新中国成立后,随着一系列生态恢复措施的实施,米脂县文化服务供给呈现好转的趋势,但社会经济的迅速发展和城镇化的快速推进对生态系统的不利影响仍将持续。考虑到米脂县生态系统的复杂性和本身存在的脆弱性问题,可持续的对策建议对于该区域的文化服务管理至关重要。

由于受自然地理环境和社会经济发展差异的影响,文化服务供需在米脂县的东部、中部和西部呈现了截然不同的供给优势和需求差异。为实现米脂县文化服务的可持续管理,应分别对东中西三个区域文化服务的供给、需求和供需匹配提出相应的对策。另外,由于乡村地区的人口与生态系统的关系更为直接,但开发替代资源的能力缺乏,同时缺少相应的资金与制度保障,文化服务退化对乡村人口尤其是贫困人口的威胁更为剧烈和直接。因此,有必要基于前面几章及本节的研究内容和分析结果,结合研究区的实际情况,从米脂县和主体两个层面提出文化服务供需管理的对策建议,以期为米脂县文化服务的可持续供给和满足人们日益增长的文化服务需求提供理论支持。

一 米脂县生态系统文化服务可持续管理

(一) 促进生态系统文化服务可持续供给

在发展过程中,各区域只有发挥优势,补齐短板,才能促进文化服务的可持续供给。以因地制宜、突出优势服务供给作为出发点,提出促进米脂县文化服务可持续供给的对策建议。总体来说,中部地区应以生态修复为主,东西部地区应以生态建设为主。

米脂县东西部地区应该继续加强生态环境治理,改善田园景观和人居环境,打造休闲舒适的田园风光。这类乡镇包括:东部的李站乡、沙家店镇、印斗镇、桃镇和姬家岔乡,及西部的郭兴庄乡和龙镇。这类乡镇地形复杂，自然本底差，水土流失严重，以发展传统农业为主，经济发展缓慢，乡村基础设施滞后，生态和休闲娱乐环境均不具优势。虽然在生态恢复的过程中生态环境不断好转，甚至出现了如高西沟一样的典型生态环境治理村庄，山地苹果政策的实施也使得梯田得以充分利用，但其美学、教育服务供给依然处于一般水平。在今后的发展过程中，首先要克服先天恶劣的自然环境，加强政府投资，采用先进技术，通过加强道路建设、提高互联网应用等措施完善基础设施，加强当地与外界的互联互通。其次要注重窑洞景观和农田景观的保护和提升，突出地方感服务优势。窑洞景观是寄托当地居民或外来游客乡愁的重要物质空间，在未来的乡村发展中具有提供文化服务的巨大潜力，应该注重对这些村庄的窑洞进行修复。最后要美化农田景观，提高农田的观赏价值和休闲功能，推广绿色、有机农产品，发展生态农业，满足现代人们对诗意闲适的人文环境、田绿草青的居住环境以及原生田园风光的向往以及对传统乡村印记的情感依恋。

中部无定河沿岸区域应继续发挥其地理位置和资源优势，发展乡村生态旅游。该区域地势开阔，交通便利，具有天然的滨河风景，拥有大面积的河川草原和养马场，为发展乡村生态旅游提供了良好的资源条件，乡村生态旅游是促进这类村庄保护生态环境的最好的旅游方式。在未来的发展中一定要在加强对自然生态空间的整体保护，牢固树立和践行绿水青山就是金山银山的理念，坚持尊重自然、顺应自然、保护自然，统筹山水林田湖草系统治理，建设生活环境整洁优美、生态系统稳定健康、人与自然和谐共生的生态宜居美丽乡村，为旅游产业的发展吸引足够的客源。另外，乡村文化是乡村旅游发展的根基和依托，乡村旅游发展中既要关注物质和实体空间也要注重文化和精神塑造。首先，在农耕文化传承的过程中，深入挖掘其内在人文精神，传承传统人文景观、民间文化。其次，通过戏曲进乡村、举办节日民俗活动、发展民间体育活动等方式广泛开展群众文化活动，丰富乡村文化生活。最后，通过发展传统工艺产品、开发民间艺术、民俗表演所使用的锣鼓、舞狮、舞龙等文化资源，推动乡村特色文化产业的发展。

中部及外围区域应打造为米脂县对外联系的窗口。这类乡镇包括：石沟镇、银州镇、高渠乡、桥河岔乡和杨家沟镇。这类乡镇位于中部河谷地带和东西部的深切沟谷地带，地势低平，视域开阔，无定河与周边的生态廊道贯穿交织形成景观质量较高的滨河景观带，未来城镇化过程中，应加强保护由无定河及两岸绿地形成的自然生态景观带，继续完善城市绿地系统并提高其可达性，形成生态网络，为资本、市场、技术和人才的流动提供良好的生态环境，起到对外对内联系的核心和中转站的作用。另外，该区域集中了米脂县大部分古建古迹和革命旧址，文化遗产和教育服务供给优势突出，所以，在未来发展过程中应加强对这些资源的宣传，加深外界对米脂县的认识。还需要注意的是，中部地区人口密集，城镇化发展迅速，随着建设用地的蔓延，三田面积占比成为其文化服务供给的主要障碍指标，未来仍然需要严格控制建设用地占用耕地，坚守耕地保护红线，减少三田面积对这些区域文化服务供给的制约。总之，中部地区应该朝着生态、文化和经济综合提升的方向发展，不断完善生态系统服务功能，提升形象，成为世界认识米脂县的窗口。

(二) 引导生态系统文化服务需求的合理流动

米脂县文化服务需求应以政策引导、促进区域需求均衡作为出发点，促进文化服务需求在空间上的合理流动。米脂县文化服务需求表现出中部人口密集、经济发达、城镇化水平较高的地区需求较高且需求多样化，在东西部地势较高的区域需求较低且需求的文化服务类型少，即需求在空间上极不均衡。生态系统变化常常导致一部分人从中受益，而另一部分人则因此失去了对有关资源的使用权，或遭受到变化的外部效应的影响，进而扩大社会的不公平程度。一个区域文化服务的需求超过了其供给能力就会对可持续的供给造成压力，因此对于中部人口密度大的地区，应该倡导适度消费，避免过度消费。对于东西部需求较低的区域，应该倡导居民注重文化和精神塑造，注重生活方式的转变，关注多样化的文化服务，提高生活质量。对于区域需求不均衡的问题，地方政府应引导对文化服务的需求由高需求区向低需求区流动，但要把流量控制在合理的范围内，不削弱当地居民需求的权利。最后，为了平衡不同区域之间的利益，中部相对发展迅速的地区应该给予东西部地区相应的生态补偿，这些区域为了保护生态环境，放弃了部分生态资源的优先利用权，加大了生态保护的投入，自身经济发展受到制约，政策制定者应围绕这些问题确定补偿主客体、补偿标准和补偿方式并通过行政部门执行，保证这些区域文化服务的可持续管理。

（三）调节生态系统文化服务供需匹配

米脂县的文化服务供需匹配状态有三种类型，高供给低需求型、低供给高需求型和供需相对匹配型。供需相对匹配的村庄大多具有良好的生态系统本底，需要进行生态系统管理和规划使各类文化服务供给保持可持续且稳定的水平，尽管文化服务综合水平的供需匹配处于均衡状态，有利于区域的可持续发展，但仍要关注部分子类文化服务供需的不匹配，避免这些村庄在发展过程中对文化服务需求的增长导致对资源的过度消耗。高供给低需求村庄可在确保文化服务可持续供给的基础上，与低供给高需求的村庄加强合作，发挥区域文化服务的供给优势，适当加大对当地文化服务的需求，使米脂县内部文化服务供需的空间匹配格局趋于均衡。低供给高需求村庄中位于城镇地区的村庄应该在追求经济效益的同时关注生态和社会效益，还应该与全县其他高供给低需求的村庄探索高效的合作机制，弥补文化服务供给不足带来的负面影响。位于乡镇边缘的村庄，由于对生态系统的依赖强度大，文化服务供给较低，但面临文化服务需求增加的客观现实，应降低人类活动对生态系统的干扰，走可持续生计道路，避免供需矛盾持续突出现象的发生。

二 主体尺度生态系统文化服务可持续管理

乡村文化服务管理的主体是农民。米脂县文化服务可持续管理过程中，应充分尊重主体对文化服务的感知和话语权，了解主体多样化的文化服务需求，并通过提高日常生活中的社区参与来促进文化服务的可持续管理。

(一) 关注多样化的生态系统文化服务需求

已往研究认为,城市居民和农村居民对生态系统服务的需求呈现梯度差异,城市居民高度重视审美价值、娱乐活动等文化服务(Martín-López et al.,2012),而农村居民则更重视与文化认同和传统管理实践相关的服务(Aguado et al.,2018)。事实上,在城市居民的认知上,人类福祉与维持生命的生态系统是脱节的,他们将生态系统视为城市特质的外部因素。相反,生态系统是农村居民赖以生存的环境,他们的福祉更多地与生态系统紧密相连,从而能够高度感知到更加多样化的文化服务。人们对文化服务的感知和偏好可以塑造特定的态度和行为(Zhang et al.,2016),管理者应该建立农民群众文化服务需求反馈机制,将当地居民对文化服务的重要性感知纳入决策制定,提高公众对生态系统管理的支持。米脂县居民对文化服务的需求多样化,且不同性别、年龄、学历、经济水平的人对文化服务的需求也有显著差异,应该基于不同群体需求差异制定相应的策略。对于居民重要性感知较低的消遣娱乐、文化遗产和教育服务,决策者应予以重视,加强娱乐基础设施的完善,宣传当地梯田和窑洞的文化遗产价值,以及农耕文化和生态恢复的教育意义,逐渐加强居民的文化自信。

(二) 提高社区参与

当地社区居民掌握的知识和经验有时可以帮助实现对生态系统的可持续利用,但是在很多社区,由于这些知识和经验的逐渐丧失,结果导致生态系统服务的退化状况进一步恶化。乡村景观规划和生态保护如果缺乏社区参与,往往容易脱离居民的需求,不符合乡村实际发展,极大降低未来发展的不确定性,导致发展的不可持续。我国乡村的基层治理制度是村庄空间资源分配和公共事务由村民决定(孙莹,2018),当地居民是村庄景观规划的利益主体,也是村庄生态保护的决策主体,这是由我国乡村社会的治理特点决定的。如何在景观规划和生态保护过程中让村民以"主体"的身份全面参与决策,是解决乡村建设中的村民"主体性"的首要问题。社区参与强调在景观规划和生态保护的过程中,认知不同形式的地方知识,管理者通过与村民主体交流，弥合自身体验与村民生活逻辑的差异，扩大主体共同参与和协作互动，开展协作式规划，全面参与决策和实施的公平开放机制，有助于切实发挥当地居民在生态系统管理中的主体作用，调动农民的积极性、主动性。

第五节　本章小结

本章通过梳理文化服务供需的影响因素，提出理论框架和研究假设，结合研究区实际情况选取个体尺度的社会经济属性，村庄尺度的社会经济属性、供给能力和可达性层面的指标。在此基础上，采用结构方程模型，从个体尺度揭示社会经济属性对文化服务需求的影响，从村庄尺度，揭示社会经济属性、供给能力、可达性和文化服务需求4个潜在变量之间及其与各观测变量之间的作用关系，得出如下结论：

（1）就个体尺度而言，社会经济属性中家庭结构和人均耕地面积两个变量对文化服务需求没有显著影响。其他变量对特定类型的文化服务需求具有显著影响，女性对社会关系服务的需求高于男性；年龄对美学、教育、地方感、消遣娱乐服务需求具有显著的正向影响；学历对社会关系、文化遗产、消遣娱乐服务需求具有显著的正向影响；人均居住面积对文化遗产服务需求具有显著的正向影响；人均年收入对教育、地方感、社会关系、文化遗产、消遣娱乐服务需求具有显著的正向影响。

（2）就村庄尺度而言，各潜变量之间的关系为：社会经济属性对文化服务需求和供给能力既有直接效应也有间接效应。社会经济属性对可达性产生直接效应，而无间接效应。供给能力对文化服务需求产生直接效应，而无间接效应。可达性对文化服务需求既有直接效应也有间接效应。可达性对供给能力产生直接效应，而无间接效应。影响机制表现为：供给能力是基本条件，可达性是关键的空间连接变量，社会经济属性是重要的驱动力，主体需求是内在动因。

（3）将文化服务纳入土地利用规划和生态系统管理是文化服务研

究的终极目标。本书针对不同尺度提出文化服务可持续管理的对策和建议。米脂县尺度，各区域应发挥优势，补齐短板，在中部地区以生态修复为主，东西部地区以生态建设为主，促进文化服务供给的可持续，同时引导文化服务需求在空间上的合理流动，促进供需空间匹配。主体尺度，应关注主体多样化的文化服务需求，同时提高社区参与，切实发挥当地居民在生态系统管理中的主体作用。

第七章 结论与展望

文化服务评估是将生态系统服务评估纳入决策制定的关键。为防范文化服务供需矛盾突出对区域可持续发展产生的不利影响，基于供需视角对文化服务进行综合评估，识别供需空间差异、供需匹配状况及权衡与协同情况，并认识和理解文化服务供需的相互作用关系，对于加深生态系统和社会系统间相互作用的理解及实现生态系统的有效管理和自然资源的合理配置具有重要意义。

第一节 主要结论

本书构建文化服务供需综合评估及影响机制的概念框架并将其应用到生态脆弱区的研究中，以陕西省米脂县为案例地，按照"供给时空演变—需求评估及空间制图—供需匹配及权衡协同—供需相互作用机理—文化服务供需可持续管理"的逻辑思路展开研究。具体地，采用生物物理指标法评估文化服务供给，采用问卷调查和地图式参与法评估文化服务需求，采用基尼系数、供需系数、统计分析和双变量空间自相关分析方法揭示文化服务供需匹配及权衡协同，采用结构方程模型揭示文化服务供需的相互作用机理。研究得出的主要结论如下：

（1）构建美学、教育、地方感、社会关系、文化遗产和消遣娱乐6类文化服务供给的评价指标体系，运用熵权TOPSIS模型对米脂县394个村庄的6类文化服务供给进行计算并分析其时空演化规律发现：时间上，2000年以来，米脂县除社会关系服务供给等级下降的村庄占比较多以外，其余类型的文化服务供给均是等级上升的村庄占比较多，文化服务供给整体上在提高。空间上，各类文化服务空间异质性明显。文化服务供给综合水平2000年大致呈现中西部高东南部低的空间格局，2018年整体呈现中心高外围低的空间格局。从空间分异视角看文化服务供给的障碍因子，2000和2018年分别有92.39%和93.15%的村庄文化服务供给的第一障碍因子为古建古迹个数和爱国主义教育基地个数，除第一障碍因子外，不同村庄文化服务供给的其他障碍因子各有不同。

（2）根据文化服务需求的内涵，从居民对文化服务的重要性感知和空间制图两个方面分析米脂县文化服务需求。从重要性感知来看，米脂县居民对社会关系、地方感、美学、消遣娱乐、教育和文化遗产服务的重要性感知依次降低。从多样化感知结果来看，米脂县居民对窑洞景观提供的文化服务的多样化感知最强，林草地和梯田次之，寺庙较弱，文化广场和水域最弱。从空间分布的模拟结果看，6类文化服务的空间分布既有相似性又有差异性，文化服务需求综合水平呈现由中部及东西两侧地势较低的河谷地区向外围地势较高的区域逐渐降低的空间格局。海拔、土地利用、坡向和坡度4个环境变量对6类文化服务需求的空间分布均有较大的影响。

（3）分别采用基尼系数和供需系数分析了文化服务的整体匹配状态及局部的空间匹配状态，采用统计分析和双变量空间自相关分析揭示了供给侧和需求侧文化服务之间在数值上和空间上的权衡协同关系。整体上，文化遗产服务供需处于较合理的范围内，其余5类文化服务的供需和文化服务供需综合水平均处于高度匹配的状态。局部上，文化服务供需匹配状态在空间上可分为供需相对匹配、高供给低需求、低供给高需求三种匹配类型。供给侧的权衡与协同关系表明，数值上，2000—2018年，各类服务之间权衡与协同关系并存。空间上，6类文化服务供给之间的权衡与协同关系的空间单元通过显著性检验的村庄主要分布在中部地势平坦和区位优势明显的地区、东西部的山地丘陵地区及外围地区。需求侧的权衡与协同关系表明，数值上，6类文化服务间均呈现协同关系。空间上，6类文化服务之间总体上以高高集聚和低低集聚的协同关系为主，在空间分布上的共性为在米脂县中部河谷地区的龙镇东北角、银州镇和十里铺乡均呈现以高高集聚为主的协同关系，在东西两侧的山地丘陵地区以低低集聚的协同关系为主。

（4）采用结构方程模型，从个体尺度揭示社会经济属性对文化服务需求的影响，从村庄尺度，揭示社会经济属性、供给能力、可达性和文化服务需求4个潜在变量之间及其与各观测变量之间的作用关系。就个体尺度而言，社会经济属性中家庭结构和人均耕地面积两个变量对文化服务需求没有显著影响，性别、年龄、学历、人均居住面积、人均年收入对特定类型文化服务的需求有显著影响。就村庄尺度而言，各潜变量之间的关系为：社会经济属性对文化服务需求和供给能力既有直接效应也有间接效应。社会经济属性对可达性产生直接效应，而无间接效应。供给能力对文化服务需求产生直接效应，而无间接效应。可达性对文化服务需求既有直接效应也有间接效应。可达性对供给能力产生直接效应，而无间接效应。

（5）文化服务已经被公认为是解释人类与生态系统关系的最新方式，越来越多的国家和科学家意识到将文化服务运用于规划和管理的必要性，将文化服务纳入土地利用规划、景观规划和生态系统管理是文化服务研究的终极目标。本书针对不同尺度提出文化服务可持续管理的对策和建议。米脂县尺度，各区域应发挥优势，补齐短板，在中部地区以生态修复为主，东西部地区以生态建设为主，促进文化服务供给的可持续，同时引导文化服务需求在空间上的合理流动，促进供需空间匹配。主体尺度，应关注主体多样化的文化服务需求，同时提高社区参与，切实发挥当地居民在生态系统管理中的主体作用。

第二节　研究特色与创新

一　从理论上拓展了文化服务研究的内涵

从人类与生态系统相互作用产生的环境空间和文化实践的角度来理解文化服务，并构建了文化服务供需综合评估及其影响因素的概念框架，既是从地理学的核心命题人地关系视角对文化服务作出的新诠释，又是以空间异质性作为切入点对文化服务地理格局与影响因素作出的有益尝试，有助于更深刻地理解文化服务的生态社会系统相互联系的性质。

二　从方法上构建了多种类型文化服务供给的指标体系，实现了文化服务需求的空间制图

尽管文化服务的重要性已经引起广泛关注，但其供需综合评估依然是生态系统服务研究的难点。遵循文化服务的概念内涵并结合研究区实际情况，对构建多种类型文化服务供给指标体系作出了有益尝试，采用地图式参与法将文化服务需求与空间信息明确结合实现文化服务需求的空间制图，为文化服务供需综合评估提供了新思路，有助于将文化服务的研究整合到传统的生态系统服务的评估框架中。

三　实践中提供了文化服务供需综合评估的鲜活案例

基于以上的理论和方法贡献，以生态脆弱区米脂县为例，从村庄尺度展开了文化服务供需的实证研究，细化了研究尺度，证实了所提出的理论框架和方法的可行性。还将文化服务的供给、需求和社会经济属性之间的复杂关系作了深入分析。这些分析结果可以为米脂县文化服务管理提供全面、翔实的实证参考，也可以为其他区域开展类似的研究提供案例借鉴。

第三节　研究不足与展望

（1）基于对传统文化服务研究的不足，考虑到文化服务目前研究中存在供给指标体系缺乏、需求空间制图困难等问题，本书从人类与生态系统相互作用产生的环境空间和文化实践的角度来理解文化服务，尝试探索有效的分析框架和研究方法，虽然对环境空间产生的文化服务供给、环境空间与文化实践产生的文化服务需求进行评估，但没有对具体的文化实践进行深入详细的分析。文化实践被解释为人与自然环境之间的表达、象征、具体化和解释性的互动，包括玩耍和锻炼、创造和表达、管理和保护、采集和消费等。这些主体行为是将文化服务供给和需求联系起来的有效机制，在未来的研究中将通过收集表征文化实践的行为活动的内容、频率等数据，加强对文化实践的研究，以期更好地解释人与环境之间的互动关系。

（2）受数据可获得性的限制，本书中关于文化服务需求及文化服务供需影响因素的研究均基于静态数据。基于长时间序列数据对文化服务需求进行分析，有利于了解快速社会经济发展过程中人们对文化服务需求的变化，增强决策制定的可靠性和前瞻性，减少时间滞后效应带来的负面影响。另外，文化服务供需的影响因素也是不断发生变化的，在不同的时间段，处于主导地位的影响因素可能不同，关注变化中的主导因素，有助于准确把握政策采取干预措施的内容。未来无论是在文化服务需求还是在其影响因素的研究中，时序变化都将是重点关注的内容。

（3）本书对文化服务的供需综合评估作出了有益尝试，但生物物理指标方法基于生态系统过程及其功能测算文化服务的供给潜力，适合于多种尺度，而公众参与法是一种辅助统计手段，在小尺度上更具代表意义。因此，二者相结合对于展开大尺度文化服务的供需综合研究存在挑战。未来的研究中应充分发挥大数据挖掘、机器学习等创新方法解决多尺度的复杂社会生态问题。

附　　录

附录Ⅰ：米脂县居民调查问卷

尊敬的女士/先生：

您好！我们是西北大学的研究生，正在研究米脂县居民对生态系统文化服务的感知情况，希望得到您的帮助和支持。本调查严格按照《统计法》的要求进行，采用匿名制度，所获取的数据主要用于统计分析，不会因随意泄露信息对您造成任何不便。衷心感谢您的支持和配合！

西北大学城市与环境学院

问卷编号：_____　　　　　调查日期：_____
GPS 定位：经度_____　　　纬度_____
乡镇名称：_____　　　　　村庄：_____
调查者姓氏：_____

一　调查者基本情况

性别	家庭总人口	年龄	受教育程度	从业情况

健康状况	居住年限	年收入状况	家庭耕地面积	家庭窑洞个数

（1）受教育程度：1＝文盲；2＝小学；3＝初中；4＝高中及以上。

（2）从业情况：1＝专职务农；2＝务农为主（兼业）；3＝以外出

务工为主（兼业务农）；4＝常年外出务工；5＝学生；6＝工资性收入人员（教师、医生、公职人员等）；7＝未参加就业。

（3）健康状况：1＝不健康；2＝较差；3＝一般；4＝良好；5＝非常好。

（4）家庭收入来源（单位：元）：种植作物＿＿＿＿＿＿＿；养殖＿＿＿＿＿＿；务工＿＿＿＿＿＿；政府补贴（退耕还林、种地、扶贫、养老、高龄）＿＿＿＿＿＿；工资性收入＿＿＿＿＿＿；其他收入＿＿＿＿＿＿。

（5）家庭耕地面积（单位：亩）：＿＿＿＿＿＿。

（6）家庭窑洞面积（单位：平方米）：窑洞面积＝窑洞个数（ ）×24（调研地一孔窑洞面积＝24平方米）。

二 调查者访谈提纲

1. 您平时交往较多的人主要是谁？①家人②邻居③亲戚④朋友 亲戚和朋友最远来自哪儿？＿＿＿＿＿＿

2. 您觉得您生活的这个地方好不好？好，为什么？哪些地方好？不好，为什么？哪些地方不好？

3. 您平时生活中，不忙的时候都会有什么活动？比如，看电视、串门、闲逛、打牌……您一般在户外待着的时间长吗？去户外的次数呢？您喜欢接近大自然吗？一般都去那些地方？

4. 村里的庙会一般一年几次？每年什么时候有庙会？一般会持续几天？你会去逛庙会吗？都跟谁一起去呢？您能描述一下你们的庙会的场景吗？

5. 您喜欢看戏吗？村里多久唱一次戏？一般在每年的几月会唱戏？唱几天？其间您都会参与什么活动？

6. 您觉得当地哪些风俗习惯/传统文化/民俗节庆比较有特色？可以给我讲讲他们的传说/历史吗？

三 调查者对生态系统文化服务的重要性感知

文化服务	0-5分	那种景观让您有这种感觉，请打"√"（多选）
1. 你们这儿美不美？（视觉、气味）		林草地/水域/梯田/窑洞/寺庙/文化广场

续表

文化服务	0-5分	那种景观让您有这种感觉,请打"√"(多选)
2. 您对这儿的感情深厚吗?		林草地/水域/梯田/窑洞/寺庙/文化广场
3. 你们这儿有没有教育科研意义?		林草地/水域/梯田/窑洞/寺庙/文化广场
4. 祖辈流传的经验技术重要吗?		林草地/水域/梯田/窑洞/寺庙/文化广场
5. 您觉得休闲娱乐重要吗?		林草地/水域/梯田/窑洞/寺庙/文化广场
6. 您觉得家庭关系重要吗?		林草地/水域/梯田/窑洞/寺庙/文化广场
7. 您觉得邻里关系重要吗?		林草地/水域/梯田/窑洞/寺庙/文化广场
8. 住在这儿对身心健康有益吗?		林草地/水域/梯田/窑洞/寺庙/文化广场
9. 您觉得宗教信仰重要吗?		林草地/水域/梯田/窑洞/寺庙/文化广场
10. 您觉得文化遗产重要吗?		林草地/水域/梯田/窑洞/寺庙/文化广场

附录Ⅱ：米脂县村庄调查问卷

村庄调查问卷是针对村庄数据进行搜集，调查对象以熟悉村庄详细情况的村干部为主，包括村长、会计、支书等。数据主要包括：

一 村庄基本概况

1. 村庄总人口_____；常住人口_____；外迁人口数量_____；享受最低生活保障补助的人口数量_____；65岁及以上人口_____；初中学历及以上人口_____。

2. 村庄人均年收入_____（元）。

3. 村庄到乡镇的距离_____（公里）；到县城的距离_____（公里）；到最近公路的距离_____（公里）。

4. 村庄互联网普及率_____（%）；自来水普及率_____（%）；道路总长度（单位：公里）_____。

5. 村庄总耕地面积：_____（亩）；梯田面积_____（亩）；坝地面积_____（亩）；水浇地面积_____（亩）。

6. 寺庙：个数_____、名称_____、面积_____（平方米）；文化广场：个数_____、名称_____、面积_____（平方米);旅游景点:个数_____、名称_____、面积_____(平方米)、年均旅游收入_____(万元)、年均游客人次_____。

二 村干部访谈提纲

1. 退耕还林政策实施以来,你们这儿的生态环境发生了那些变化?谈谈您对当地生态环境保护的计划和看法?

2. 你们村有发展乡村旅游的规划吗?乡村旅游发展对当地生态环境的积极和消极影响分别有什么?谈谈您的看法。

3. 近年来你们村的物质生活水平是否有所提高?精神文明有没有随之提升?平时有没有专门举办文化娱乐等活动提高居民的精神文明?

4. 谈谈对于乡村经济发展和生态保护协同提升的实践经验有哪些?

5. 你们村未来的发展规划及面对的主要问题是什么?

附录Ⅲ:地图式参与问卷

地图式参与问卷是通过对村庄环境十分熟悉的,认识地图的人进行访问,标注对于生态系统文化服务十分重要的地点,并回答标注地点的相关属性问题。

地图标注	序号	地物类型	保护它愿意付多少钱	如何管理(私人/集体)	2000年以来发生变化的方面及原因
1. 美学	A1				
	A2				
	A				
	A				
2. 地方感	B				
	B				
	B				
	B				

续表

地图标注	序号	地物类型	保护它愿意付多少钱	如何管理（私人/集体）	2000年以来发生变化的方面及原因
3. 教育	C				
	C				
	C				
	C				
4. 消遣娱乐	D				
	D				
	D				
	D				
5. 社会关系	E				
	E				
	E				
	E				
6. 文化遗产	F				
	F				
	F				
	F				
7. 不安全	G				
	G				
	G				
8. 不清洁	H				
	H				
	H				
9. 其他	I				
	I				
	I				

参考文献

Antonio J. Castro, Peter H. Verburg, Berta Martín-López, Marina Garcia-Llorente, Javier Cabello, Caryn C. Vaughn, Enrique López, "Ecosystem service trade-offs from supply to social demand: A landscape-scale spatial analysis", *Landscape and Urban Planning*, VoL. 132, 2014.

Andrew Church, Rob Fish, Roy Haines-Young, Susana Mourato, Jamie Tratalos, Lee Stapleton, Cheryl Willis, Peter Coates, Stephen Gibbons, Catherine Leyshon, Marion Potschin, Neil Ravenscroft, Rosa Sanchis-Guarner, Mike Winter, Jasper Kenter, *UK National Ecosystem Assessment Follow-on. Work Package Report 5: Cultural Ecosystem Services and Indicators*, UK: UNEP-WCMC, LWEC, 2014.

Amy M. Villamagna, Paul L. Angermeier, Elena M. Bennett, "Capacity, pressure, demand, and flow: A conceptual framework for analyzing ecosystem service provision and delivery", *Ecological Complexity*, VoL. 15, 2013.

A. J. Castro, B. Martín-López, M. García-LLorente, P. A. Aguilera, E. López, J. Cabello, "Social preferences regarding the delivery of ecosystem services in a semiarid Mediterranean region", *Journal of Arid Environments*, VoL. 75, No. 11, 2011.

Benjamin Burkhard, Franziska Kroll, Felix Müller, Wilhelm Windhorst, "Landscapes' capacities to provide ecosystem services-a concept for land-cover based assessments", *Landscape Online*, VoL. 15, No. 1, 2009.

Benjamin Burkhard, Franziska Kroll, Stoyan Nedkov, Felix Müller,

"Mapping ecosystem service supply, demand and budgets", *Ecological Indicators*, VoL. 21, No. 3, 2012.

Benjamin Burkhard, Marion Kandziora, Ying Hou, Felix Müller, "Ecosystem service potentials, flows and demands-concepts for spatial localisation, indication and quantification", *Landscape Online*, VoL. 34, 2014.

Berta Martín-López, Irene Iniesta-Arandia, Marina García-Llorente, Ignacio Palomo, Izaskun Casado-Arzuaga, David García Del Amo, Erik Gómez-Baggethun, Elisa Oteros-Rozas, Igone Palacios-Agundez, Bárbara Willaarts, José A. González, Fernando Santos-Martín, Miren Onaindia, Cesar López-Santiago, Carlos Montes, "Uncovering ecosystem service bundles through social preferences", *Plos One*, VoL. 7, No. 6, 2012.

Benson C. Sherrouse, Jessica M. Clement, Darius J. Semmens, "A gis application for assessing, mapping, and quantifying the social values of ecosystem services", *Applied Geography*, VoL. 31, No. 2, 2011.

Brett A. Bryan, Christopher M. Raymond, Neville D. Crossman, Darla Hatton Macdonald, "Targeting the management of ecosystem services based on social values: where, what, and how?", *Landscape and Urban Planning*, VoL. 97, No. 2, 2010.

Brenda Maria Zoderer, Erich Tasser, Steve Carver, Ulrike Tappeiner, "Stakeholder perspectives on ecosystem service supply and ecosystem service demand bundles", *Ecosystem Services*, VoL. 37, 2019.

Chen Junyu, Jiang Bo, Bai Yang, Xu Xibao, Juha M. Alatalo, "Quantifying ecosystem services supply and demand shortfalls and mismatches for management optimization", *Science of the Total Environment*, VoL. 650, 2019.

Cheng Xin, Sylvie Van Damme, Li Luyuan, Pieter Uyttenhove, "Evaluation of cultural ecosystem services: A review of methods", *Ecosystem Services*, VoL. 37, 2019.

Craig Bullock, Deirdre Joyce, Marcus Collier, "An exploration of the relationships between cultural ecosystem services, socio-cultural values and well-being", *Ecosystem Services*, VoL. 31, 2018.

Cui Fengqi, Tang Haiping, Zhang Qin, Wang Bojie, Dai Luwei, "Integrating ecosystem services supply and demand into optimized managementat different scales: A case study in Hulunbuir, China", *Ecosystem Services*, VoL. 39, 2019.

Dendi Muhamad, Satoru Okubo, Koji Harashina, Parikesit, Budhi Gunawan, Kazuhiko Takeuchi, "Living close to forests enhances people´s perception of ecosystem services in a forest-agricultural landscape of West Java, Indonesia", *Ecosystem Services*, VoL. 8, 2014.

Dou Yuehan, Zhen Lin, Yu Xiubo, Martha Bakker, Gerrit-Jan Carsjens, Xue Zhichao, "Assessing the influences of ecological restoration on perceptions of cultural ecosystem services by residents of agricultural landscapes of western China", *Science of the Total Environment*, VoL. 646, 2019.

Ehrlich, P. R., Ehrlich, A. H. Extinction: *The causes and consequences of the disappearance of species*, New York: Random House, 1981.

Eric F. Lambin, Patrick Meyfroidt, Ximena Rueda, Allen Blackman, Jan Börner, Paolo Omar Cerutti, Thomas Dietsch, Laura Jungmann, Pénélope Lamarque, Jane Lister, Nathalie F. Walker, SvenWunder, "Effectiveness and synergies of policy instruments for land use governance in tropical regions", *Global Environmental Change*, VoL. 28, No. 1, 2014.

Elham Sumarga, Lars Hein, Bram Edens, Aritta Suwarno, "Mapping monetary values of ecosystem services in support of developing ecosystem accounts", *Ecosystem Services*, VoL. 12, 2015.

Frances Ryfield, David Cabana, John Brannigan, Tasman Crowe, "Conceptualizing 'sense of place' in cultural ecosystem services: A framework for interdisciplinary research", *Ecosystem Services*, VoL. 36, 2019.

Francesc Baró, Dagmar Haase, Erik Gómez-Baggethun, Niki Frantzeskaki, "Mismatches between ecosystem services supply and demand in urban areas: A quantitative assessment in five European cities", *Ecological Indicators*, VoL. 55, 2015.

Francesc Baró, Ignacio Palomo, Grazia Zulian, Pilar Vizcaino, Dagmar Haase, Erik Gómez-Baggethun, "Mapping ecosystem service capacity, flow and demand for landscape and urban planning: A case study in the Barcelona metropolitan region", *Land Use Policy*, VoL. 57, No. 30, 2016.

Frederico Santarém, Jarkko Saarinen, José Carlos Brito, Santarém, F., Saarinen, J., Brito, J. C. "Mapping and analysing cultural ecosystem services in conflict areas", *Ecological Indicators*, VoL. 110, 2020.

Garcia X, Corominas L, Pargament D, Acuña, V, "Is river rehabilitation economically viable in water-scarce basins?", *Environmental Science and Policy*, VoL. 61, 2016.

Gretchen C. Daily, *Introduction: What are ecosystem services? In: nature's services: societal dependence on natural ecosystems*, Washington DC: Island Press, 1997.

Guillermo Martínez Pastur, Pablo L. Peri, María V. Lencinas, Marina García-Llorente, Berta Martín-López, "Spatial patterns of cultural ecosystem services provision in Southern Patagonia", *Landscape Ecology*, VoL. 31, 2016.

Gulay Cetinkaya Ciftcioglu, "Social preference-based valuation of the links between homegardens, ecosystem services, and human well-being in Lefke Region of North Cyprus", *Ecosystem Services*, VoL. 25, 2017.

Guan Qingchun, Hao Jinmin, Ren Guoping, Li Mu, Chen Aiqi, Duan Wenkai, Chen Hong, "Ecological indexes for the analysis of the spatial-temporal characteristics of ecosystem service supply and demand: a case study of the major grain-producing regions in Quzhou, China", *Ecological Indicators*, VoL. 108, 2020.

Guo Zhongwei, Zhang Lin, Li Yiming, "Increased dependence of humans on ecosystem services and biodiversity", *Plos One*, VoL. 5, No. 10,

2010.

He Shan, Su Yue, Amir Reza Shahtahmassebi, Huang Lingyan, Zhou Mengmeng, Gan Muye, Deng Jinsong, Zhao Gen, Wang Ke, "Assessing and mapping cultural ecosystem services supply, demand andflow of farmlands in the Hangzhou metropolitan area, China", *Science of the Total Environment*, VoL. 692, 2019.

Helliwell D. R., "Valuation of wildlife resources", *Regional Studies*, VoL. 3, 1969.

Holdren J P, Ehrlich P R, "Human population and the global environment", *American Scientist*, VoL. 62, 1974.

Ho Huu Loc, Thomas J. Ballatore, Kim N. Irvine, Nguyen Thi Hong Diep, Truong Thi Cam Tien, Yoshihisa Shimizu, "Socio-Geographic indicators to evaluate landscape cultural ecosystem services: A case of Mekong Delta, Vietnam", *Ecosystem Services*, VoL. 31, 2018.

Ingo Zasada, "Multifunctional peri-urban agriculture—a review of societal demands and the provision of goods and services by farming", *Land Use Policy*, VoL. 28, 2011.

Ilse R. Geijzendorffer, Berta Martín-López, Philip K. Roche, "Improving the identification of mismatches in ecosystem services assessments", *Ecological Indicators*, VoL. 52, 2015.

James Boyd, Spencer Banzhaf, "What are ecosystem services? The need for standardized environmental accounting units", *Ecological Economics*, VoL. 63, No. 2, 2007.

James Simon P, "Cultural ecosystem services: a critical assessment", *Ethics, Policy and Environment*, VoL. 18, No. 3, 2015.

Jasper O. Kenter, "Shared, plural and cultural values", *Ecosystem Services*, VoL. 21, 2016.

Jae-hyuck Lee, Hong-jun Park, Ilkwon Kim, Hyuk-soo Kwon, "Analysis of cultural ecosystem services using text mining of residents' opinions", *Ecological Indicators*, VoL. 115, 2020.

Jenny A. Angarita-Baéz, Elena Pérez-Miñana, Julio E. Beltrán Vargas, César A. Ruiz Agudelo, Andrés Paez Ortiz, Erwin Palacios, Simon Willcock, "Assessing and mapping cultural ecosystem services at community level in the Colombian Amazon", *International Journal of Biodiversity Science, Ecosystem Services and Management*, VoL. 13, No. 1, 2017.

Jordi Honey-Rosés, Vicenç Acuña, Mònica Bardina, Nicholas Brozović, Rafael Marcé, Antoni Munné, Sergi Sabater, Montserrat Termes, Fernando Valero, àlex Vega, Daniel W. Schneider, "Examining the demand for ecosystem services: The value of stream restoration for drinking water treatment managers in the Llobregat river, Spain", *Ecological Economics*, VoL. 90, 2013.

Johannes Langemeyer, Francesc Baró, Peter Roebeling, Erik Gómez-Baggethun, "Contrasting values of cultural ecosystem services in urban areas: The case of park Montjuïc in Barcelona", *Ecosystem Services*, VoL. 12, 2015.

Kai M. A. Chan, Terre Satterfifield, Joshua Goldstein, "Rethinking ecosystem services to better address and navigate cultural values", *Ecological Economics*, VoL. 74, No. 1, 2012.

Kai M. A. Chan, Anne D. Guerry, Patricia Balvanera, Sarah Klain, Terre Satterfield, Xavier Basurto, Ann Bostrom, Ratana Chuenpagdee, Rachelle Gould, Benjamin S. Halpern, Neil Hannahs, Jordan Levine, Bryan Norton, Mary Ruckelshaus, Roly Russell, Jordan Tam and Ulalia Woodside, "Where are cultural and social in ecosystem services? A framework for constructive engagement", *Bioscience*, VoL. 62, 2012.

Kelvin J. Lancaster, "A new approach to consumer theory", *The Journal of Political Economy*, VoL. 74, No. 1, 1966.

Ken J. Wallace, "Classification of ecosystem services: Problems and solutions", *Biological Conservation*, VoL. 139, 2007.

King, R. T., "Wildlife and Man", *NY Conservationist*, VoL. 20, 1966.

Ksenija Hanaček, Beatriz Rodríguez-Labajos, "Impacts of land-use and management changes on cultural agroecosystem services and environmental conflicts—a global review", *Global Environmental Change*, VoL. 50, 2018.

Kumar, P., *The economics of ecosystems and biodiversity: ecological and economic foundations*, London: Earthscan Press, 2010.

Lan Xiao, Tang Haiping, Liang Haoguang, "A theoretical framework for researching cultural ecosystem service flows in urban agglomerations", *Ecosystem Services*, VoL. 28, 2017.

Li Fei, Zhang Shuwen, Yang Jiuchun, Chang Liping, Yang Haijuan, Bu Kun, "Effects of land use change on ecosystem services value in West Jilin since the reform and opening of China", *Ecosystem Services*, VoL. 31, 2018.

Li Fangzheng, Guo Shiyi, Li Di, Li Xiong, Li Jing, Xie Shuang, "A multi-criteria spatial approach for mapping urban ecosystem services demand", *Ecological Indicators*, VoL. 112, 2020.

Li Jinghui, Jiang Hongwei, Bai Yang, Juha M. Alatalo, Li Xin, Jiang Huawei, Liu Gang, Xu Jun, "Indicators for spatial-temporal comparisons of ecosystem service status between regions: A case study of the Taihu River Basin, China", *Ecological Indicators*, VoL. 60, 2016.

Louise Willemen, Lars Hein, Martinus E. F. van Mensvoort, Peter H. Verburg, "Space for people, plants, and livestock? Quantifying interactions among multiple landscape functions in a Dutch rural region", *Ecological Indicators*, VoL. 10, 2010.

Lynne C. Manzo, For better or worse: "Exploring multiple dimensions of place meaning", *Journal of Environmental Psychology*, VoL. 25, 2005.

María Vallés-Planells, Francisco Galiana, Veerle Van Eetvelde, "A classification of landscape services to support local landscape planning", *Ecology and Society*, VoL. 19, No. 1, 2014.

Mathis Wackernagel, William E. Rees, Phil Testemale, *Our ecological footprint: reducing human impact on the earth*, Gabriola Island: New

Society Publishers, 1996.

Maria Luisa Paracchini, Grazia Zulian, Leena Kopperoinen, Joachim Maes, Jan Philipp Schägner, Mette Termansen, Marianne Zandersen, Marta Perez-Soba, Paul A. Scholefifield, Giovanni Bidoglio, "Mapping cultural ecosystem services: A framework to assess the potential for outdoor recreation across the EU", *Ecological Indicators*, VoL. 45, 2014.

Mark Hirons, Claudia Comberti, Robert Dunford, "Valuing cultural ecosystem services", *Annual Review of Environment and Resources*, VoL. 41, 2016.

Mateo Aguado, José A. González, Kr´sna Bellott, César López-Santiago, Carlos Montes, "Exploring subjective well-beingand ecosystem services perception along a rural-urban gradientin the high Andes of Ecuador", *Ecosystem Services*, VoL. 34, 2018.

Matthias Schröter, David N. Barton, Roy P. Remme, Lars Hein, "Accounting for capacity and flow of ecosystem services: A conceptual model and a case study for Telemark, Norway", *Ecological Indicators*, VoL. 36, 2014.

Meng Shiting, Huang Qingxu, Zhang Ling, He Chunyang, Luis Inostroza, Bai Yansong, Yin Dan, "Matches and mismatches between the supply of and demand for cultural ecosystem services in rapidly urbanizing watersheds: A case study in the Guanting Reservoir basin, China", *Ecosystem Services*, VoL. 45, 2020.

Melissa R. Poe, Jamie Donatuto, Terre Satterfield, "Sense of Place": human well being considerations for ecological restoration in Puget sound", *Coastal management*, VoL. 44, No. 5, 2016.

Michael Pröpper, Felix Haupts, "The culturality of ecosystem services. Emphasizing process and transformation", *Ecological Economics*, VoL. 108, 2014.

Millennium Ecosystem Assessment (MA) Framework, *Ecosystems and Human Well-being*, Washington DC: Island Press, 2005.

Mike Christie, Ioan Fazey, Rob Cooper, Tony Hyde, Jasper O. Kenter, "An evaluation of monetary and non-monetary techniques for assessing the importance of biodiversity and ecosystem services to people in countries with developing economies", *Ecological Economics*, VoL. 83, 2012.

Mónica Hernández-Morcillo, Tobias Plieninger, Claudia Bieling, "An empirical review of cultural ecosystem service indicators", *Ecological Indicators*, VoL. 29, No. 29, 2013.

Nora Fagerholm, Niina Käyhkö, Festo Ndumbaro, Miza Khamis, "Community stakeholders' knowledge in landscape assessments-mapping indicators for landscape services", *Ecological Indicators*, VoL. 18, 2012.

Olaf Bastian, Dagmar Haase, Karsten Grunewald, "Ecosystem properties, potentials and services—The EPPS conceptual framework and an urban application example", *Ecological Indicators*, VoL. 21, 2012.

Olaf Bastian, Ralf-Uwe Syrbe, Matthias Rosenberg, Doreen Rahe, Karsten Grunewald, "The five pillar EPPS framework for quantifying, mapping and managing ecosystem services", *Ecosystem Services*, VoL. 4, 2013.

Patrizia Tenerelli, Urška Demšar, Sandra Luque, "Crowdsourcing indicators for cultural ecosystem services: A geographically weighted approach for mountain landscapes", *Ecological Indicators*, VoL. 64, 2016.

Pedro Clemente, Marta Calvache, Paula Antunes, Rui Santos, Jorge Orestes Cerdeira, Maria João Martins, "Combining social media photographs and species distribution models tomap cultural ecosystem services: The case of a Natural Park in Portugal", *Ecological Indicators*, VoL. 96, 2019.

Peng Jian, Chen Xin, Liu Yanxu, Lü Huiling, Hu Xiaoxu, "Spatial identification of multifunctional landscapes and associated influencing factors in the Beijing-Tianjin-Hebei region, China", *Applied Geography*, VoL. 74, 2016.

Petteri Vihervaara, Timo Kumpula, Ari Tanskanen, Benjamin

Burkhard, "Ecosystem services-A tool for sustainable management of human-environment systems. Case study Finnish Forest Lapland", *Ecological Complexity*, VoL. 7, 2010.

Pieter N Booth, Sheryl A Law, Jane Ma, John Buonagurio, James Boyd, Jessica Turnley, "Modeling aesthetics to support an ecosystem services approach for natural resource management decision making", *Integrated Environmental Assessment and Management*, VoL. 13, No. 5, 2017.

Risper Ajwang'Ondiek, Nzula Kitaka, Steve Omondi Oduor, "Assessment of provisioning and cultural ecosystem services in natural wetlands and rice fields in Kano floodplain, Kenya", *Ecosystem Services*, VoL. 21, 2016.

Rosalind Bryce, Katherine N. Irvine, Andrew Church, Robert Fish, Sue Ranger, Jasper O. Kenter, "Subjective well-being indicators for large-scale assessment of cultural ecosystem services", *Ecosystem Services*, VoL. 21, 2016.

Robert Costanza, "Ecosystem services: multiple classification systemsare needed", *Biological Conservation*, VoL. 141, 2008.

Robert Costanza, Ralph d'Arge, Rudolf de Groot, Stephen Farber, Monica Grasso, Bruce Hannon, Karin Limburg, Shahid Naeem, Robert V. O'Neill, Jose Paruelo, Robert G. Raskin, Paul Sutton, Marjan van den Belt, "The value of the world's ecosystem services and natural capital", *Nature*, VoL. 387, 1997.

Robert Fish, Andrew Church, Michael Winter, "Conceptualising cultural ecosystem services: A novel framework for research and critical engagement", *Ecosystem Services*, VoL. 21, 2016.

Roy Haines-Young, Marion Potschin, *The links between biodiversity, ecosystem services and humanwell-being. In*: Raffaelli, D., Frid, C. (Eds.), *Ecosystem Ecology: A New Systhsis*, Cambridge: Cambridge University Press, 2010.

Roy Haines-Young, Marion Potschin-Young, "Revision of the common international classification for ecosystem services (CICES V5.1): A Policy Brief", *One Ecosystem*, VoL. 3, 2018.

SCEP [Study of Critical Environmental Problems], *Man's impact on the global environment*, Cambridge, Massachusetts: MIT Press, 1970.

Shi Yishao, Shi Donghui, Zhou Liangliang, Fang Ruibo, "Identification of ecosystem services supply and demand areas and simulation of ecosystem service flows in Shanghai", *Ecological Indicators*, VoL. 115, 2020a.

Shi Qinqin, Chen Hai, Liu Di, Zhang Hang, Geng Tianwei, Zhang Hongjuan, "Exploring the linkage between the supply and demand of cultural ecosystem servicesin Loess Plateau, China: a case study from Shigou Township", *Environmental Science and Pollution Research*, VoL. 27, 2020b.

Shi Qinqin, Chen Hai, Liang Xiaoying, Zhang Hang, Liu Di, "Cultural ecosystem services valuation and its multilevel drivers: a case study of Gaoqu Township in Shaanxi Province, China", *Ecosystem Services*, VoL. 41, 2020c.

Simone A. Beichler, Olaf Bastian, Dagmar Haase, Stefan Heiland, Nadja Kabisch, Felix Müller, "Does the ecosystem service concept reach its limits in urban environments?", *Landscape Online*, VoL. 51, 2017.

Simone Annerose Beichler, "Exploring the link between supply and demand of cultural ecosystem services-towards an integrated vulnerability assessment", *International Journal of Biodiversity Science, Ecosystem Services and Management*, VoL. 11, No. 3, 2015.

Small N, Munday M, Durance I, "The challenge of valuing ecosystem services that have no material benefits", *Global Environmental Change*, VoL. 44, 2017.

Terry C. Daniel, Andreas Muhar, Arne Arnberger, Olivier Aznar, James W. Boyd, Kai M. A. Chan, Robert Costanza, Thomas Elmqvist, Courtney G. Flint, Paul H. Gobster, Adrienne Grêt-Regamey, Rebecca

Lave, Susanne Muhar, Marianne Penker, Robert G. Ribe, Thomas Schauppenlehner, Thomas Sikor, Ihor Soloviy, Marja Spierenburg, Karolina Taczanowska, Jordan Tam, and Andreas von der Dunk, "Contributions of cultural services to the ecosystem services agenda", *Proceedings of the National Academy of Sciences of the United States of America*, VoL. 109, No. 23, 2012.

Tobias Plieninger, Claudia Bieling, Bettina Ohnesorge, Harald Schaich, Christian Schleyer, Franziska Wolff, "Exploring futures of ecosystem services in cultural landscapes through participatory scenario development in the Swabian Alb, Germany", *Ecology and Society*, VoL. 18, No. 3, 2013a.

Tobias Plieninger, Sebastian Dijks, Elisa Oteros-Rozas, Claudia Bieling, "Assessing, mapping, and quantifying cultural ecoystem services at community level", *Land Use Policy*, VoL. 33, No. 14, 2013b.

Linda Szücs, Ulrike Anders, Renate Bürger-Arndt, "Assessment and illustration of cultural ecosystem services at the local scale: A retrospective trend analysis", *Ecological Indicators*, VoL. 50, 2015.

Tao Yu, Wang Hongning, Ou Weixin, Guo Jie, "A land-cover-based approach to assessing ecosystem services supply and demand dynamics in the rapidly urbanizing yangtze river delta region", *Land Use Policy*, VoL. 72, 2018.

TEEB, *Mainstreaming the economics of nature: A synthesis of the approach, conclusions and recommendations of TEEB*. Earthscan, London and Washington, 2010.

Tratalos J. A, Haines-Young R, Potschin M, Fish R, Church A, "Cultural ecosystem services in the UK: Lessons on designing indicators to inform management and policy", *Ecological Indicators*, VoL. 61, 2016.

United Nations Department of Economic and Social Affairs (UNDESA), *The aging of population and its economic and social implications*, New York: United Nations Department of Economic and Social Affairs,

1956.

Unnikrishnan Hita, Nagendra Harini, "Privatizing the commons: impact on ecosystem services in Bangalore's lakes", *Urban Ecosystems*, VoL. 18, No. 2, 2015.

Wang Bojie, Tang Haiping, Xu Ying, "Integrating ecosystem services and human well-being into management practices: Insights from a mountain-basin area, China", *Ecosystem Services*, VoL. 27, 2017.

Wei Hejie, Liu Huiming, Xu Zihan, Ren Jiahui, Lu Nachuan, Fan Weiguo, Zhang Peng, Dong Xiaobin, "Linking ecosystem services supply, social demand and human well-being in a typical mountain – oasis – desert area, Xinjiang, China", *Ecosystem Services*, VoL. 31, 2018.

Wei Hejie, Fan Weiguo, Wang Xuechao, Lu Nachuan, Dong Xiaobin, Zhao Yanan, Ya Xijia, Zhao Yifei, "Integrating supply and social demand in ecosystem services assessment: A review", *Ecosystem Services*, VoL. 25, 2017.

Westman, W. E, "How much are Nature's services worth?", *Science*, 1977, VoL. 197, 1997.

Willcock Simon, Brittany J. Camp, Kelvin S. -H. Peh, "A comparison of cultural ecosystem service survey methods within South England", *Ecosystem Services*, VoL. 26, 2017.

Wolff S., Schulp C. J. E., Verburg, P. H., "Mapping ecosystem services demand: A review of current research and future perspectives", *Ecological Indicators*, VoL. 55, 2015.

Yoshimura Nobuhiko, Hiura Tsutom, "Demand and supply of cultural ecosystem services: Use of geotagged photos to map the aesthetic value of landscapes in Hokkaido", *Ecosystem Services*, VoL. 24, 2017.

Zhang Hang, Chen Hai, Geng Tianwei, Liu Di, Shi Qinqin, "Evolutionary characteristics and trade-offs' development of social-ecological production landscapes in the Loess Plateau Region from a resilience point of view: A case study in Mizhi County, China", *International Journal of En-*

vironmental Research and Public Health, VoL. 17, 2020.

Zhang Hongjuan, Gao Yan, Hua Yawei, Zhang Yue, Liu Kang, "Assessing and mapping recreationists' perceived social values for ecosystemservices in the Qinling Mountains, China", *Ecosystem Services*, VoL. 39, 2019a.

Zhang Hongjuan, Pang Qian, Long Huan, Zhu Haochen, Gao Xin, Li Xiuqing, Jiang Xiaohui, Liu Kang, "Localresidents' perceptions for ecosystem services: A case study of Fenghe River Watershed", *International Journal of Environmental Research and Public Health*, VoL. 16, 2019b.

Zhang Wei, Edward Kato, Prapti Bhandary, Ephraim Nkonya, Hassan Ishaq Ibrahim, Mure Agbonlahor, Hussaini Yusuf Ibrahim, Cindy Cox, "Awareness and perceptions of ecosystem services in relation to land use types: Evidence from rural communities in Nigeria", *Ecosystem Services*, VoL. 22, 2016.

Zhao Qiqi, Li Jing, Cuan Yuda, Zhou Zixiang, "The evolution response of ecosystem cultural services under different scenarios based on system dynamics", *Remote Sensing*, VoL. 12, 2020.

Zhao Qiqi, Li Jing, Liu Jingya, Cuan Yuda, Zhang Cheng, "Integrating supply and demand in cultural ecosystem services assessment: A case study of Cuihua Mountain (China)", *Environmental Science and Pollution Research*, VoL. 26, 2019.

白杨、王敏、李晖等:《生态系统服务供给与需求的理论与管理方法》,《生态学报》2017年第17期。

保虎:《冲突与协调：中国农村社会关系网络变迁反思》,《原生态民族文化学刊》2018年第1期。

蔡晓梅、朱竑:《新时代面向美好生活的日常生活地理与城乡休闲——"生活地理与城乡休闲"专栏解读》,《地理研究》2019年第7期。

蔡晓梅、朱竑、刘晨:《情境主题餐厅员工地方感特征及其形成原因——以广州味道云南食府为例》,《地理学报》2012年第2期。

曹小曙、林强：《基于结构方程模型的广州城市社区居民出行行为》，《地理学报》2011年第2期。

陈果：《基于广州实证的后改革时代中国城市住房权问题》，《地理学报》2015年第12期。

陈海、郗静、梁小英等：《农户土地利用行为对退耕还林政策的响应模拟——以陕西省米脂县高渠乡为例》，《地理科学进展》2013年第8期。

陈利顶、傅伯杰：《景观连接度的生态学意义及其应用》，《生态学杂志》1996年第4期。

陈秧分、刘玉、李裕瑞：《中国乡村振兴背景下的农业发展状态与产业兴旺途径》，《地理研究》2019年第3期。

戴路炜、唐海萍、张钦等：《北方农牧交错带多伦县生态系统服务权衡与协同关系研究》，《生态学报》2020年第9期。

党小虎、吴彦斌、刘国彬等：《生态建设15年黄土高原生态足迹时空变化》，《地理研究》2018年第4期。

董雪旺、张捷、刘传华等：《条件价值法中的偏差分析及信度和效度检验——以九寨沟游憩价值评估为例》，《地理学报》2011年第2期。

高虹、欧阳志云、郑华等：《居民对文化林生态系统服务功能的认知与态度》，《生态学报》2013年第3期。

高艳、刘康、马桥等：《基于SolVES模型与游客偏好的生态系统服务社会价值评估——以太白山国家森林公园为例》，《生态学杂志》2017年第12期。

高颖：《关于寺庙景观设计中文化主题的思考研究》，硕士学位论文，西安建筑科技大学，2015年。

耿甜伟、陈海、张行等：《基于GWR的陕西省生态系统服务价值时空演变特征及影响因素分析》，《自然资源学报》2020年第7期。

巩杰、柳冬、高秉丽等：《西部山区流域生态系统服务权衡与协同关系——以甘肃白龙江流域为例》，《应用生态学报》2020年第4期。

顾康康、杨倩倩、程帆等：《基于生态系统服务供需关系的安徽省空间分异研究》，《生态与农村环境学报》2018年第7期。

何旭、杨海娟、王晓雅：《乡村农户旅游适应效果、模式及其影响因素——以西安市和咸阳市17个案例村为例》，《地理研究》2019年第9期。

何艳冰、黄晓军、杨新军：《快速城市化背景下城市边缘区失地农民适应性研究——以西安市为例》，《地理研究》2017年第2期。

黄和平：《基于多角度基尼系数的江西省资源环境公平性研究》，《生态学报》2012年第20期。

霍思高、黄璐、严力蛟：《基于SolVES模型的生态系统文化服务价值评估——以浙江省武义县南部生态公园为例》，《生态学报》2018年第10期。

江琳芳：《生态脆弱区景观多功能性评价》，硕士学位论文，西北大学，2018年。

兰紫橙、贾岚、程煜：《闽江流域生态系统服务价值评估及权衡协同关系》，《生态学报》2020年第12期。

雷金睿、陈宗铸、吴庭天等：《海南岛东北部土地利用与生态系统服务价值空间自相关格局分析》，《生态学报》2019年第7期。

李广东、邱道持、王平：《三峡生态脆弱区耕地非市场价值评估》，《地理学报》2011年第4期。

李景刚、何春阳、李晓兵：《快速城市化地区自然/半自然景观空间生态风险评价研究——以北京为例》，《自然资源学报》2008年第1期。

李平、佟连军、范围广等：《吉林省限制开发区域绿色发展格局演变及障碍因素识别》，《地理科学》2020年第5期。

李睿倩、李永富、胡恒：《生态系统服务对国土空间规划体系的理论与实践支撑》，《地理学报》2020年第11期。

李双成、刘金龙、张才玉等：《生态系统服务研究动态及地理学研究范式》，《地理学报》2011年第12期。

李双双、延军平、万佳：《近10年陕甘宁黄土高原区植被覆盖时空变化特征》，《地理学报》2012年第7期。

李琰、李双成、高阳等：《连接多层次人类福祉的生态系统服务分类框架》，《地理学报》2013年第8期。

刘迪、陈海、耿甜伟等：《基于地貌分区的陕西省区域生态风险时空演变》，《地理科学进展》2020年第2期。

刘迪、陈海、史琴琴等：《黄土丘陵沟壑区生态风险时空动态及其风险分区——以陕西省米脂县为例》，《自然资源学报》2019年第9期。

刘海、武靖、陈晓玲：《丹江口水源区生态系统服务时空变化及权衡协同关系》，《生态学报》2018年第13期。

刘继来、刘彦随、李裕瑞等：《中国"三生空间"分类评价与时空格局分析》，《地理学报》2017年第7期。

刘军会、邹长新、高吉喜等：《中国生态环境脆弱区范围界定》，《生物多样性》2015年第6期。

刘立程、刘春芳、王川等：《黄土丘陵区生态系统服务供需匹配研究——以兰州市为例》，《地理学报》2019年第9期。

刘秀丽、张勃、杨艳丽等：《五台山地区森林生态系统服务功能价值评估》，《干旱区研究》2017年第3期。

刘彦随、严镔、王艳飞：《新时期中国城乡发展的主要问题与转型对策》，《经济地理》2016年第7期。

龙花楼、张英男、屠爽爽：《论土地整治与乡村振兴》，《地理学报》2018年第10期。

龙花楼、屠爽爽：《论乡村重构》，《地理学报》2017年第4期。

陆林、任以胜、朱道才等：《乡村旅游引导乡村振兴的研究框架与展望》，《地理研究》2019年第1期。

罗雨、李同昇、王昭等：《乡村振兴视角下秦巴山区农村路网通达性评价与分区优化研究——以陕西省山阳县为例》，《人文地理》2020年第3期。

吕昌河、王茜、马俊飞：《黄土丘陵区生态建设效应与农户响应》，《干旱区资源与环境》2011年第10期。

马静、柴彦威、刘志林：《基于居民出行行为的北京市交通碳排放影响机理》，《地理学报》2011年第8期。

马琳、刘浩、彭建等：《生态系统服务供给和需求研究进展》，《地理学报》2017年第7期。

马桥、刘康、高艳等：《基于SolVES模型的西安浐灞国家湿地公园生态系统服务社会价值评估》，《湿地科学》2018年第1期。

马雪莹、邵景安、徐新良：《基于熵权——TOPSIS的山区乡镇通达性研究——以重庆市石柱县为例》，《地理科学进展》2016年第9期。

马依拉·热合曼、买买提·沙吾提、尼格拉·塔什甫拉提等：《基于遥感与GIS的渭库绿洲生态系统服务价值时空变化研究》，《生态学报》2018年第16期。

孟阳阳、何志斌、刘冰等：《干旱区绿洲湿地空间分布及生态系统服务价值变化：以三大典型内陆河流域为例》，《资源科学》2020年第10期。

彭建、杨旸、谢盼等：《基于生态系统服务供需的广东省绿地生态网络建设分区》，《生态学报》2017年第13期。

彭建、胡晓旭、赵明月等：《生态系统服务权衡研究进展：从认知到决策》，《地理学报》2017年第6期。

彭婉婷、刘文倩、蔡文博等：《基于参与式制图的城市保护地生态系统文化服务价值评价——以上海共青森林公园为例》，《应用生态学报》2019年第2期。

祁宁、赵君、杨延征等：《基于服务簇的东北地区生态系统服务权衡与协同》，《生态学报》2020年第9期。

钱彩云、巩杰、张金茜等：《甘肃白龙江流域生态系统服务变化及权衡与协同关系》，《地理学报》2018年第5期。

渠鲲飞、左停：《协同治理下的空间再造》，《中国农村观察》2019年第2期。

冉凤维、罗志军、吴佳平等：《鄱阳湖地区生态系统服务权衡与协同关系的时空格局》，《应用生态学报》2019年第3期。

石忆邵、史东辉：《洞庭湖生态经济区生态服务供需平衡研究》，《地理研究》2018年第9期。

史恒通、睢党臣、吴海霞等：《公众对黑河流域生态系统服务消费偏好及支付意愿研究——基于选择实验法的实证分析》，《地理科学》2019年第2期。

寿飞云：《基于生态系统服务供求评价的空间分异特征与生态格局划分——以长三角城市群为例》，硕士学位论文，浙江大学，2020年。

宋世雄、梁小英、陈海等：《基于多智能体和土地转换模型的耕地撂荒模拟研究——以陕西省米脂县为例》，《自然资源学报》2018年第3期。

孙涵、聂飞飞、胡雪原：《基于熵权TOPSIS法的中国区域能源安全评价及差异分析》，《资源科学》2018年第3期。

孙婧雯、马远军、王振波等：《农旅融合视角下新型乡村社会关系架构及提升路径——以浙江金华陈界村为例》，《地理研究》2020年第3期。

田永霞、刘晓娜、李红等：《基于主客观生活质量评价的农村发展差异分析——以北京山区经济薄弱村为例》，《地理科学进展》2015年第2期。

汪芳、黄晓辉、俞曦：《旅游地地方感的游客认知研究》，《地理学报》2009年第10期。

王成、龙卓奇、樊荣荣：《重庆市江津区乡村生产空间系统适应性评价及障碍因素分析》，《地理研究》2020年第7期。

王川、刘春芳、乌亚汗等：《黄土丘陵区生态系统服务空间格局及权衡与协同关系——以榆中县为例》，《生态学杂志》2019年第2期。

王富喜、毛爱华、李赫龙等：《基于熵值法的山东省城镇化质量测度及空间差异分析》，《地理科学》2013年第11期。

王晓琪、赵雪雁、王蓉等：《重点生态功能区农户对生态系统服务的感知——以甘南高原为例》，《生态学报》2020年第9期。

王心蕊、孙九霞：《城市居民休闲与主观幸福感研究：以广州市为例》,《地理研究》2019 年第 7 期。

王新越、朱文亮:《山东省乡村旅游竞争力评价与障碍因素分析》,《地理科学》2019 年第 1 期。

王玉、傅碧天、吕永鹏等:《基于 SolVES 模型的生态系统服务社会价值评估——以吴淞炮台湾湿地森林公园为例》,《应用生态学报》2016 年第 6 期。

魏慧、赵文武、张骁等:《基于土地利用变化的区域生态系统服务价值评价——以山东省德州市为例》,《生态学报》2017 年第 11 期。

吴健生、门·新纳、梁景天等:《基于基尼系数的生态系统服务供需均衡研究——以广东省为例》,《生态学报》2020 年第 19 期。

武爱彬、赵艳霞、沈会涛等:《京津冀区域生态系统服务供需格局时空演变研究》,《生态与农村环境学报》2018 年第 11 期。

武文杰、刘志林、张文忠:《基于结构方程模型的北京居住用地价格影响因素评价》,《地理学报》2010 年第 6 期。

谢高地、甄霖、鲁春霞等:《一个基于专家知识的生态系统服务价值化方法》,《自然资源学报》2008 年第 5 期。

谢高地、张彩霞、张雷明等:《基于单位面积价值当量因子的生态系统服务价值化方法改进》,《自然资源学报》2015 年第 8 期。

徐小任、徐勇:《黄土高原地区人类活动强度时空变化分析》,《地理研究》2017 年第 4 期。

徐煖银、郭泺、薛达元等:《赣南地区土地利用格局及生态系统服务价值的时空演变》,《生态学报》2019 年第 6 期。

徐勇、孙晓一、汤青:《陆地表层人类活动强度:概念、方法及应用》,《地理学报》2015 年第 7 期。

徐雨晴、於琍、周波涛等:《气候变化背景下未来中国草地生态系统服务价值时空动态格局》,《生态环境学报》2017 年第 10 期。

薛静静、沈镭、刘立涛等:《中国能源供给安全综合评价及障碍因素分析》,《地理研究》2014 年第 5 期。

薛明皋、邢路、王晓艳:《中国土地生态系统服务当量因子空间修正及价值评估》,《中国土地科学》2018 年第 9 期。

严岩、朱捷缘、吴钢等:《生态系统服务需求、供给和消费研究进展》,《生态学报》2017 年第 8 期。

杨彪、张全建、王彬等:《基于 Maxent 模型的雅砻江冬麻豆生境适宜性评价》,《生态学报》2020 年第 17 期。

杨楠、马东源、钟雪等:《基于 Maxent 模型的四川王朗国家级自然保护区蓝马鸡栖息地适宜性评价》,《生态学报》2020 年第 19 期。

杨文越、曹小曙:《居住自选择视角下的广州出行碳排放影响机理》,《地理学报》2018 年第 2 期。

杨志新、郑大玮、文化:《北京郊区农田生态系统服务功能价值的评估研究》,《自然资源学报》2005 年第 4 期。

游巍斌、何东进、巫丽芸等:《武夷山风景名胜区景观生态安全度时空分异规律》,《生态学报》2011 年第 21 期。

张彪、谢高地、肖玉等:《基于人类需求的生态系统服务分类》,《中国人口·资源与环境》2010 年第 12 期。

张行、梁小英、刘迪等:《生态脆弱区社会——生态景观恢复力时空演变及情景模拟》,《地理学报》2019 年第 7 期。

张立娟、李艳红、任涵等:《气候变化背景下青冈分布变化及其对中国亚热带北界的指示意义》,《地理研究》2020 年第 4 期。

张立伟、傅伯杰:《生态系统服务制图研究进展》,《生态学报》2014 年第 2 期。

张文佳、柴彦威:《基于家庭的城市居民出行需求理论与验证模型》,《地理学报》2008 年第 12 期。

张骁鸣、翁佳茗:《从"地方感"到"人地相处"——以广州天河体育中心公共休闲空间中的人地关系为例》,《地理研究》2019 年第 7 期。

张音波、麦志勤、陈新庚等:《广东省城市资源环境基尼系数》,《生态学报》2008 年第 2 期。

赵雪雁:《不同生计方式农户的环境感知——以甘南高原为例》,《生态学报》2012 年第 21 期。

赵琪琪、李晶、刘婧雅等:《基于 SolVES 模型的关中——天水经济区生态系统文化服务评估》,《生态学报》2018 年第 10 期。

折小龙:《退耕还林政策下农户土地利用行为转变实证研究》,硕士学位论文,西北农林科技大学,2012 年。

钟晓青、张万明、李萌萌:《基于生态容量的广东省资源环境基尼系数计算与分析——与张音波等商榷》,《生态学报》2008 年第 9 期。

周尚意、成志芬:《关于"乡愁"的空间道德和地方道德评价》,《人文地理》2015 年第 6 期。

后　　记

本书是在我的博士论文基础上修改而成的。回顾博士四年，有对研究方向止步不前的惆怅与迷茫，也有灵感来临时的喜悦与忘我；有论文退稿时的受挫和失落，也有论文录取时的激动与兴奋。一路走来，能够跨越诸多挑战与困难，离不开良师益友和亲人的关心、帮助和支持。

感谢我的导师陈海教授。陈老师敢于挑战学术前沿的创新精神和严谨的治学态度将使我受益终生。读博初始，陈老师就让我探索具有学科前沿的研究方向，面对全新的领域，我虽然坚信挑战与机遇并存，但还是在困难面前一度陷入自我怀疑，是陈老师数次与我当面交流和探讨，才廓清了我对研究方向的谜团。当博士过半一无所获时，是陈老师的鼓励和支持让我坚持到最后。我明白了厚积薄发、天道酬勤的道理。毕业论文撰写过程中，陈老师严格把关并屡次修改，让我掌握了大论文的写作精髓，这倾注了老师的心血和品质。生活中，陈老师似家人般地关心和引导，教我立身立业的道理，让我变得成熟。有师如此，三生有幸。在此谨对您的辛勤培育和谆谆教诲表示诚挚的感谢！

感谢我的师母梁小英教授，博士的学习和生活离不开梁老师的悉心指导。例会中每一次一针见血都似醍醐灌顶，于学习受益良多。生活中遇到困难，梁老师总是从女性的视角出发鼓励我，让我不断成长。清晰地记得在毕业论文开题前，由于对自己的研究方向没有底气，出现畏难情绪，梁老师说："你要坚信，没有人比你自己更了解你的研究领域。"这句话像一剂强心针，使我倍感鼓舞，我连夜修改PPT，在第二天精彩地完成开题。在此后公开场合的汇报中，我都体会到了自信带给我的力量和光芒，这种自信已经无形之中融入我的生活，也会延续到我今后的工作和学习中。在此我对您表示衷心的感谢和美好的祝愿！

回首四年西北大学的学习生涯，要感谢李同昇老师、刘科伟老师、王宁练老师、杨新军老师、朱海霞老师、赵新正老师、杨勤科老师、蒋晓辉老师等在授课中给予的启迪，您们的学术思想厚度使我在人文地理学专业打下坚实的基础。还要感谢陕西师范大学的延军平教授和李晶教授及我院的李同昇教授、杨新军教授、李钢教授、黄晓军副教授等在学位论文预答辩和正式答辩中提出的宝贵意见。在此我表示深深的感谢！

感谢课题组的张行师兄、耿甜伟、刘迪、毛南赵、马胜、段宁、赵岩、耿雨、张杰师弟、陈文婷、李慧慧、贾慧、聂霞、江琳芳、王嘉妮、张敏、商舒涵、徐婧仪、杨涛、张牡丹、董嘉薇、白晓娟、荔童师妹，与你们一起调研的美好时光历历在目，感谢你们在数据收集方面的鼎力相助。尤其感谢张行师兄和耿甜伟、刘迪师弟，与你们并肩作战的日子，我将难以忘怀。感谢米脂县各职能部门和朴实、热情的民众在调研中提供的帮助和配合。感谢华东师大的康江江师兄、中科院新疆生态所的武荣伟师兄、河南大学的任世鑫师兄、西北大学的宋琼师姐、陕西师范大学的韩佳祥同学一直以来的鼓励。感谢同学张红娟、尹莎、晁静、程永辉、马随随、李通、孟清、马思煜、石玉琼、孙欢、梁栋、王辉源，祝你们前程似锦！感谢舍友王昭、晁静和张晨婧，与你们相处的日子是那么的快乐，尤其感谢最后一年多的时间里王昭的朝夕相伴，我们一起学习、运动，让我更加自律。

最后，我要深深地感谢我的家人，父亲的远大格局和母亲的坚毅品格是我人生的榜样，是我前进道路上最大的动力。感谢弟弟妹妹的理解与支持。感谢我的爱人史小宝先生，你的默默付出是我坚实的后盾，很庆幸没等风景都看透，已经在陪你看细水长流。与你携手共进，未来可期！感谢所有关心我的亲人和朋友，祝愿你们幸福安康！

路漫漫其修远兮，吾将上下而求索！

史琴琴
2022 年 2 月 25 号